SOLARBERG SÉHEL

Mittelfußlauf

LIGHT FEET RUNNING

COPRESS SPORT

First published in 2015 by Thierry Souccar Èditions, Vergèze

Leitung Lektorat: Elvire Sieprawski
Cover: Atelier Didier Thimonier
Layout und Satz: Catherine Julia (Montfrin)
Illustrationen: Idée Graphic (Toulouse)
Coverfoto: ©Altra
Fotos im Innenteil: ©Peter Weber/Shutterstock, ©Damien Rosso, ©Damien Rosso, ©Juriah Mosin/Shutterstock.com, ©Altra

Titel der Originalausgabe: Courir Léger
Light Feet Running. Le Guide Pour Optimiser Votre Foulée

Bibliografische Information der Deutschen Nationalbibliothek
Die Deutsche Nationalbibliothek verzeichnet diese Publikation in der Deutschen Nationalbibliografie; detaillierte bibliografische Daten sind im Internet http://dnb.dnb.de abrufbar.

Übersetzung aus dem Französischen: Christa Trautner-Suder, Dr. Iris Klofat (Fachberatung)

Satz und Redaktion der deutschen
Ausgabe: Verlags- und Redaktionsbüro München,
www.vrb-muenchen.de

ISBN 978-3-7679-1114-7
Printed in Hungary

Dieser Titel ist auch als E-Book erhältlich
(ISBN 978-3-7679-2051-4)
www.copress.de

DANKSAGUNG

Ich danke allen meinen Lauffreunden und den Lesern meines Blogs (www.leplaisirdecourir.blogspot.com), meines ersten e-Books und der Facebook-Gruppe, die sich dem Mittelfußlauf gewidmet hat. Euch und unserem Austausch sowie euren Überlegungen ist es zu verdanken, dass ich dieses Buch schreiben konnte. Ein großes Dankeschön auch meinen allerersten Lesern, die mich seit 2010 ermutigt haben, indem sie mir zu verstehen gaben, dass ich auf dem richtigen Weg bin.

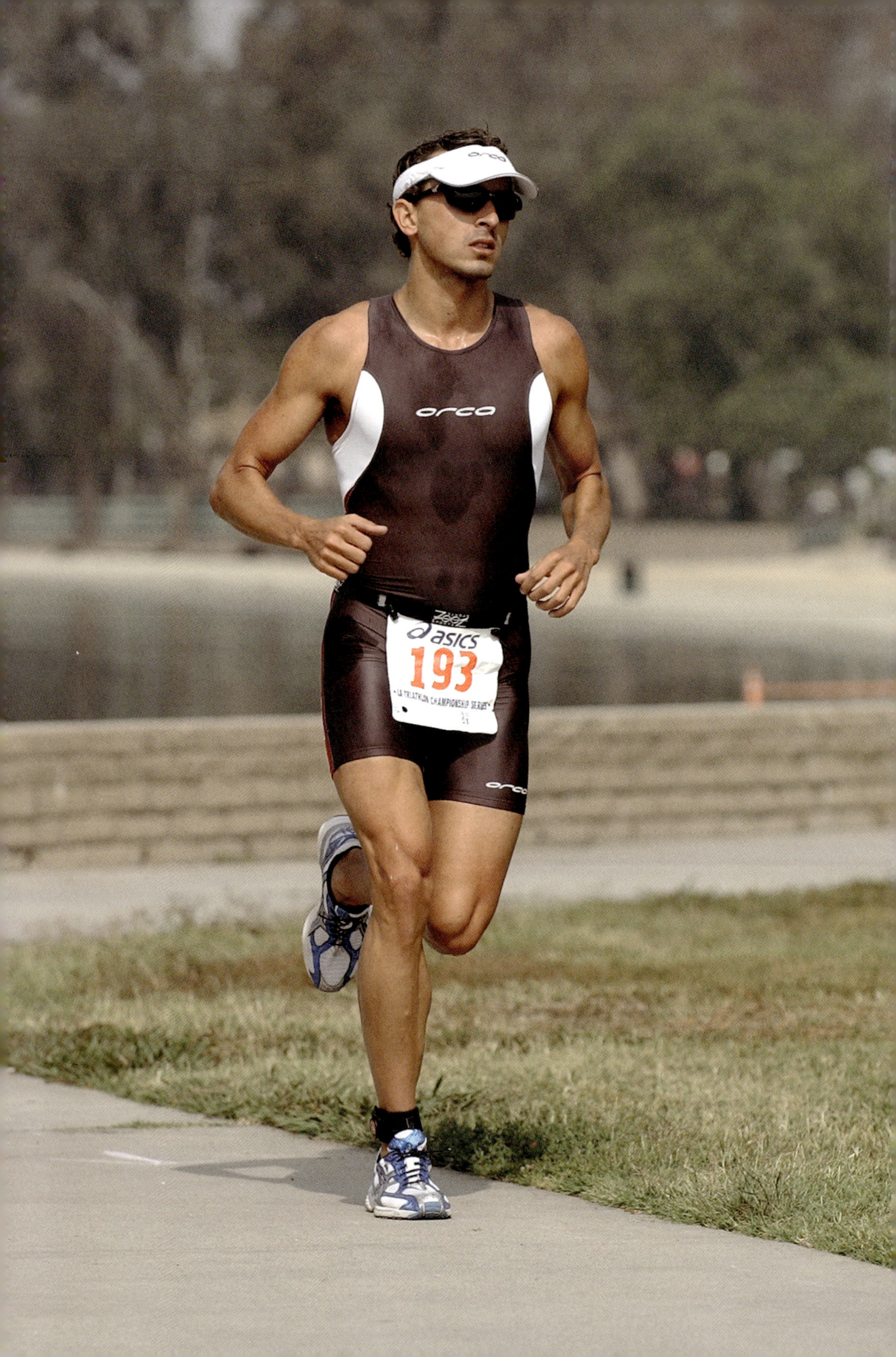
orca
asics
193
LA TRIATHLON CHAMPIONSHIP SERIES

INHALTSVERZEICHNIS

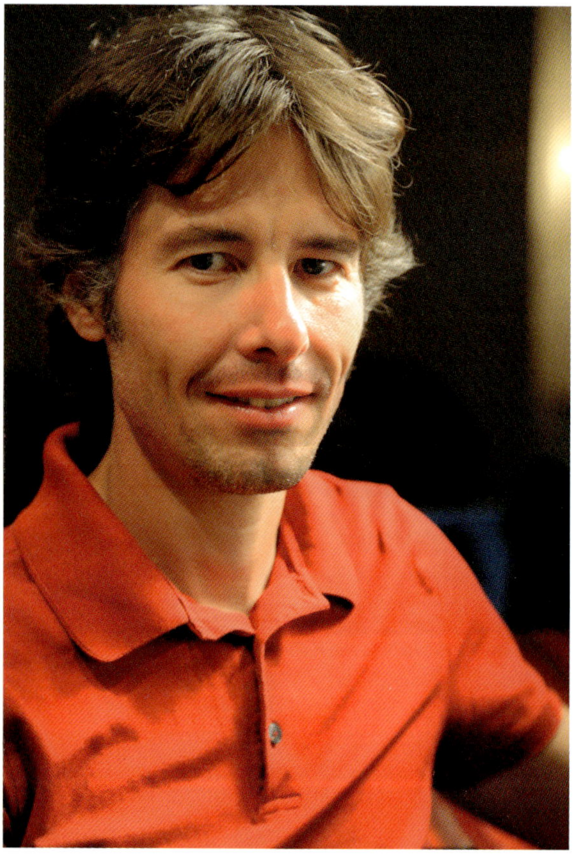

Stéphane Palazzetti, Triathlon-, Trail- und Lauftrainer

VORWORT VON STÉPHANE PALAZZETTI

Bei meiner Ausbildung (Promotion) und meinen verschiedenen sportlichen Aktivitäten (Eishockey, Triathlon) ergab sich immer wieder die Frage, wie sich die Leistung auf physiologischer und mechanischer Ebene optimieren lässt. Dabei ergab sich für mich die folgende Erkenntnis: Um Fortschritte zu erzielen, ist es entscheidend, die Technik eines Bewegungsablaufs und deren »Effizienz« zu analysieren.

In dieser Hinsicht ist das Laufen ein ausgezeichnetes Modell: Fortbewegung in variablem Tempo, auf unterschiedlichem Untergrund und bei unterschiedlicher Geländebeschaffenheit, im stetig ineinander greifenden Wechsel vom Stand auf einem Bein und Phasen in der Luft – das macht den ganzen Reichtum dieser faszinierenden Sportart aus.

Traillauf (im Wald oder in der Landschaft) unterscheidet sich deutlich vom Lauf auf asphaltierter Straße, Straßenlauf unterscheidet sich deutlich vom 100-m-Sprint auf einer Kunststoffbahn – alle diese Disziplinen stellen spezifische Anforderungen an die Geschicklichkeit. Mittelfußlauf (Light Feet Running) ist schon der Bezeichnung nach eine überwiegend auf den Mittelfuß konzentrierte Lauftechnik, die das Verletzungsrisiko des Läufers reduziert und ihm erlaubt, eine konstante Trainingsbelastung durchzuhalten. Zum Glück verfügt der menschliche Körper über die bemerkenswerte Fähigkeit, sich anzupassen, sich an etwas zu gewöhnen. Denn die Umstellung vom »spontanen« Laufen auf das Light Feet Running erfordert eine grundlegende Veränderung des Bewegungsmusters. Diese Umstellung braucht Zeit, eine stufenweise Steigerung, eine präzise Analyse – und detailliert erklärte Verfahren, die Sie in diesem Buch finden. Die Veränderungen der Lauftechnik sind unabhängig vom Leistungsniveau und wenden sich daher an alle: vom Anfänger bis zum Spitzenathleten.

Seit mehr als zehn Jahren betreue ich nun zahlreiche Profi- und Amateursportler, vor allem auf dem Gebiet des Langstrecken-Triathlons. Um ein Hochleistungsniveau zu erreichen, haben wir für und mit einem dieser Athleten eine biomechanische »Umgestaltung« der Lauftechnik vorgenommen, um seine Leistungen im Laufen vom Halbmarathon auf den Marathon zu steigern. Dieser Prozess erfolgte nach Bewegungsanalysen Schritt für Schritt und umfasste eine zielgerichtete Arbeit an der Lauftechnik mit unterschiedlichen Belastungen im Sinne von Intensität, Untergrund (Straße, Piste, Fußweg, Laufband ...), mechanischen Zwängen (ebenes, hügeliges, steiles Gelände mit zehn bis 15 Kilometer langen Passstrecken mit fünf bis sieben Prozent Steigung/Gefälle oder Gefälle/Steigung ...), verwendetem Schuhwerk (unterschiedliches Gewicht, unterschiedliche Sprengung), unterschiedlicher Laufdauer ... als Einzeltraining oder direkt nach dem Radfahren.

Ebenfalls durchgeführt wurde ein spezifisches Muskeltraining, das dieser eigenständigen Disziplin des Triathlons angepasst war. Positive Ergebnisse wurden nach einem Jahr beobachtet. Trotz der starken Wettkampfbelastung blieb in dieser

Übergangsphase die motorische Sicherheit des Athleten erhalten. Wir hatten viel Geduld. Die motorische Anpassung – und damit der physiologische Fortschritt – ist ein langer Prozess, der bewusstes Handeln, Unerbittlichkeit, Beständigkeit, Überlegung und Motivation verlangt.

Dieses Buch informiert detailliert darüber, wie wichtig es ist, eine Lauftechnik mit dem Schwerpunkt auf dem Mittelfuß zu übernehmen. Diese Technik wird von den bedeutendsten Langstreckenläufern angewendet, denn sie ist ideal der menschlichen Anatomie und Biomechanik angepasst. Profitieren auch Sie von den hier dargestellten und ausführlich erläuterten Erkenntnissen.

Stéphane PALAZZETTI

Doktor der Sportwissenschaften

Gründer und Leiter des »Long Distance Performance Coaching«

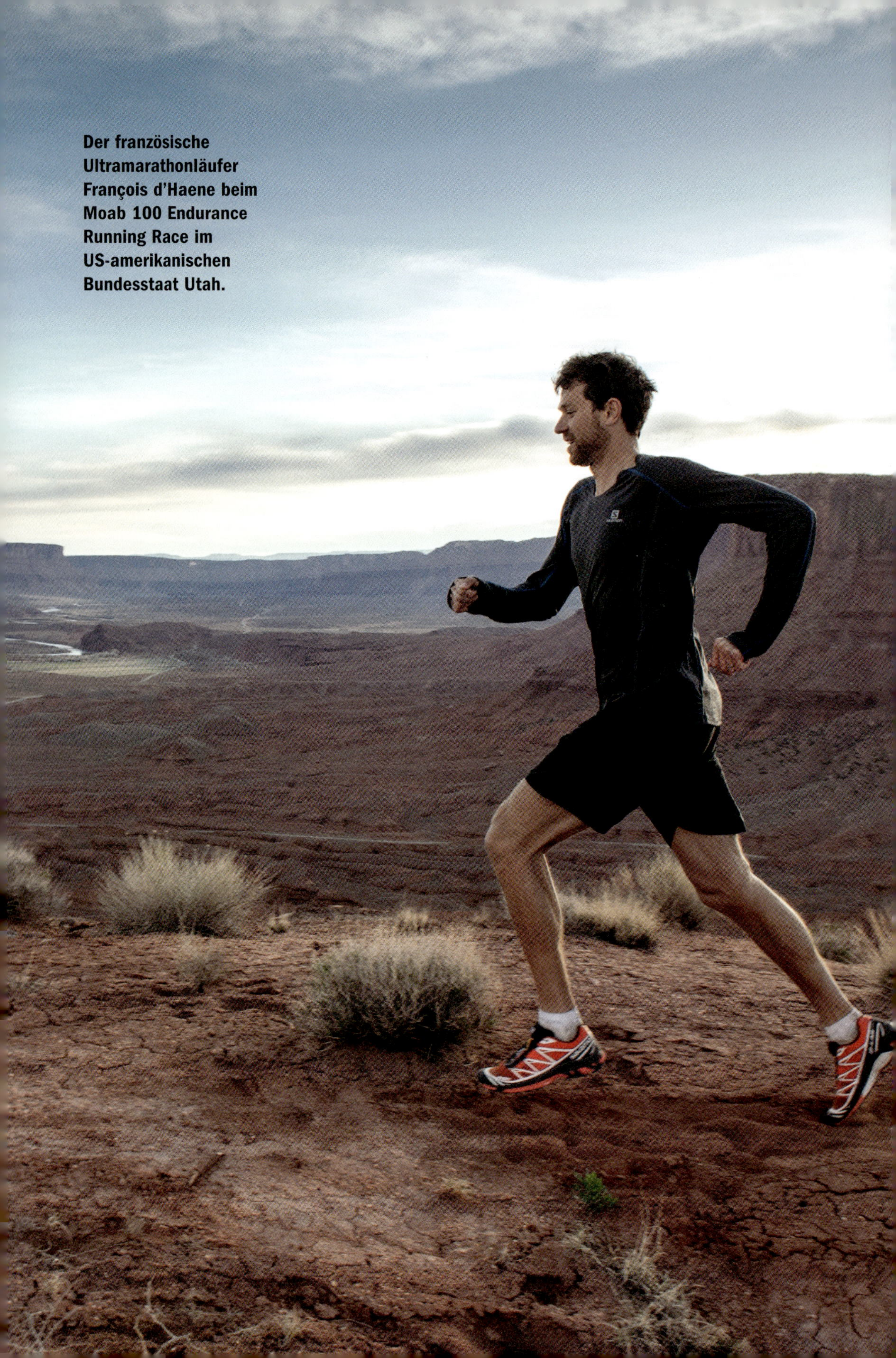

Der französische Ultramarathonläufer François d’Haene beim Moab 100 Endurance Running Race im US-amerikanischen Bundesstaat Utah.

»RICHTIG LAUFEN« KANN MAN LERNEN

Es waren einmal drei Läufer. Der erste beschloss, einfach zu laufen, ohne sich groß um seine Technik zu kümmern. Dem zweiten ging es vor allem darum, das Verletzungsrisiko zu minimieren. Und der dritte Läufer wollte die reine Freude am Laufen mit einer optimalen Lauftechnik verbinden.

Der erste Läufer hatte gehört, man solle seinen Laufstil nicht ändern, einfach ein Paar gute Laufschuhe kaufen und den Körper seiner natürlichen Bewegung überlassen. Er ging also in ein Fachgeschäft und hörte sich die Ratschläge des Verkäufers an, der ihm, nachdem er erkannte, dass sein Fuß eher in Pronationsstellung steht, ein Schuhmodell empfahl, das er für seine Füße und seinen Laufstil für geeignet hielt.

Der zweite Läufer wusste, dass sich Jahr für Jahr viele Läufer Verletzungen zuziehen, allen technologischen Anstrengungen der Ausrüster zum Trotz und trotz des Überangebots an Schuhen. Er hatte vom »minimalistischen Laufen« gehört, insbesondere vom Barfußlaufen. Zwar gibt es auch hier ein Verletzungsrisiko, aber man sagte ihm, dies sei das einfachste Mittel, um besser zu laufen, ohne viel über das Thema wissen zu müssen. Er beschloss also, es mit dem Barfußlauf zu probieren. Er wusste, das würde ein langwieriger und schwieriger Prozess sein, aber er glaubte daran.

Der dritte Läufer sagte sich, es müsse doch gute Praktiken zur Verbesserung der Lauftechnik geben, die sich auf rationale, wissenschaftlich und empirisch belegbare Erkenntnisse stützen. Wenn er die besten Läufer beobachtete, stellte er fest, dass ihre Lauftechnik in den wesentlichen Punkten zahlreiche Gemeinsamkeiten hat. Er ahnte, dass das Laufen zwar eine angeborene Aktivität ist, dass das »richtige Laufen« aber gelernt werden muss. Er wollte von Tipps profitieren, um seine Lauftechnik zu optimieren und mehr Freude am Laufen zu haben, aber auch die rationalen Grundlagen dieser Ratschläge verstehen. Er sagte sich, seine Art zu laufen werde Einfluss auf die Entwicklung seiner Muskulatur und seiner Körpersilhouette haben. Und wenn Sie sich jetzt in der Beschreibung dieses dritten Läufers wiedererkennen, dann halten Sie genau das richtige Buch in Ihren Händen.

Kann man »ohne Technik« laufen?

Als in den 1980er-Jahren das Joggen in Mode kam, gingen die meisten davon aus, dass das Laufen nicht groß gelernt werden müsse und keine besondere Technik verlange. Bis heute meinen viele Läufer, es reiche aus, sich gute Laufschuhe zu kaufen, die dem Fuß angepasst sind. Ansonsten müsse man sich keine weiteren Gedanken machen – Körper und Instinkt würden schon alles Weitere vorgeben.

Diese Sicht der Dinge ist sowohl für die Allgemeinheit als auch für die Schuhhersteller durchaus verlockend. Es war also auch die ideale Sichtweise, um diesen Sport einer breiten Öffentlichkeit zugänglich zu machen, und genau das ist es, was schließlich passierte: Innerhalb von dreißig Jahren wurde das Laufen vollständig revolutioniert, auch die Zahl der Läuferinnen und Läufer (die in diesem Buch immer beide gemeint sind, wenn vom »Läufer« die Rede ist) ist in den letzten Jahren regelrecht explodiert. Einer Deloitte-Studie zufolge gibt heute fast jeder dritte befragte Deutsche an, aktiv Laufsport zu betreiben. Der Deutsche Leichtathletik-Verband (DLV) zählte zuletzt über 3500 Laufveranstaltungen mit mehr als zwei Millionen Teilnehmern im Jahr.

Das Angebot an Laufschuhen hat sich dementsprechend vervielfacht und ist mit etwa zwei Milliarden Euro Umsatz im Jahr ein Riesengeschäft. Dutzende Anbieter bringen ständig raffiniertere Laufschuhe auf den Markt nach dem Motto: »Der richtige Schuh beugt Verletzungen vor.« Tatsächlich blieb das Laufen aber trotz aller technologischen Neuerungen »skandalös« gefährlich: Fast jeder zweite Läufer hat sich schon mal beim Laufen verletzt – nur wenige Sportarten kennen eine solche Verletzungshäufigkeit.

Sollte man seinen Laufstil verändern?

Meine Erfahrung und die Erfahrungen vieler Läufer, die ich kenne und denen ich geholfen habe, haben mir gezeigt, dass es absolut falsch ist, das Laufen »einfach laufen« zu lassen. Trotzdem glauben immer noch viele, eine Veränderung des »natürlichen«, »angeborenen« Laufstils erhöhe das Verletzungsrisiko. Dabei ist genau das Gegenteil der Fall: Eine sorgfältig durchdachte Umstellung des Laufstils kann nicht nur das Leistungsniveau verbessern, sondern auch die Verletzungsanfälligkeit verringern.

Diese Ansicht teilen auch viele Trainingsprofis. Einige dieser Trainer sind übrigens ehemalige Hochleistungsläufer, die versuchen, ihre Athleten dazu zu bringen, eine andere Lauftechnik anzunehmen als die, die sie selbst instinktiv praktizierten und die zu wiederkehrenden Verletzungen führten. Ich denke hier etwa an Alberto Salazar, einen dreifachen Sieger des New-York-Marathons (1980, 1981 und 1982). Seine Karriere auf hohem Niveau endete leider bereits mit 26 Jahren wegen wiederholter Verletzungen. Heute verlangt er als Trainer von seinen Läufern, ihre Technik zu ändern. Das kann sich zwar als schwierig erweisen, insbesondere bei Läufern, die bereits extrem leistungsstark sind und schon sehr viele Trainingsstunden absolviert haben. Aber es lohnt sich für sie genauso wie für einen eher durchschnittlichen Läufer.

Minimalismus: eine alt(hergebracht)e Praxis in neuen Schuhen?

Die im ersten Jahrzehnt des neuen Jahrtausends populär gewordenen, größtenteils auf Dämpfungs- und Stützelemente verzichtenden Minimalschuhe bewirkten die Renaissance einer Lauftechnik, die es schon lange gab, bevor die Jogging-Welle losbrach: Das Laufen mit leichten Schuhen auf dem Mittelfuß. Ein Blick auf die Laufschuhe früherer Zeiten, etwa auf die Schuhe der Marathonläufer in den 1960er- und 1970er-Jahren, genügt, um zu verdeutlichen: Am Anfang war der Sportschuh minimalistisch, und noch bevor es überhaupt Schuhe gab, liefen die Menschen barfuß oder in Sandalen!

Wie dieses Buch zeigen wird, hat die Mittelfußlauftechnik viele biomechanische Vorteile. Es überrascht daher nicht, dass man diese Technik bei vielen der weltweit besten Läufer in der Welt des Triathlons, des Trail- oder Straßenlaufs beobachtet. Erwähnen möchte ich in diesem Zusammenhang die folgenden Läufer:

- im Triathlon Craig Alexander und Mirindae Carfrae, beide mehrfache Weltmeister in der Ironman-Distanz und für ihre außergewöhnlichen Leistungen im Laufen bekannt, aber auch Cait Snow und viele andere ...
- im Traillauf Kilian Jornet, François D'Haene und Anton Krupicka
- im Straßenlauf Kenenisa Bekele, Paula Radcliffe, Yuki Kawauchi, gefolgt von einer langen Liste weiterer Läufer.

Auch wenn alle Ratschläge dieses Buches von der Technik dieser großen Meister inspiriert sind, ist es nicht nötig, ein geübter Sportler zu sein, um diesen Laufstil zu praktizieren. Genau das ist es, was ich Ihnen mit diesem Buch zeigen möchte.

So optimieren Sie Ihre Lauftechnik

Dieses Buch ist das Ergebnis einer methodischen Arbeit, die darin bestand:

- die Merkmale der Lauftechnik einer großen Versuchsgruppe aus Spitzenläufern und deren Gemeinsamkeiten zu analysieren und zu verstehen,
- diese Analyse den wissenschaftlichen Studien und neuesten Erkenntnissen der Biomechanik gegenüberzustellen,
- diese Lauftechnik ab 2012 mit Dutzenden von Läufern zu testen,
- die Gesamtarbeit einfach und verständlich zusammenzufassen, um eine schnelle und effiziente Umstellung auf den Mittelfußlauf zu ermöglichen.

Was Sie in diesem Buch entdecken werden:

- die verschiedenen Bewegungsformen, die den Läufer voranbringen, gestützt durch theoretische Erklärungen,
- den positiven biomechanischen Kreislauf, der Ihre Lauftechnik angenehmer macht und optimiert,
- Tipps, wie Sie den Mittelfußlauf in Ihrem individuellen Tempo umsetzen können,
- einfache Übungen zum Muskelaufbau, um die Schlüsselmuskulatur für diese Technik zu kräftigen,
- einen Zeitplan für die Umstellung, mit dem Sie den Mittelfußlauf unter bestmöglichen Bedingungen übernehmen können.

Der Mittelfußlauf ist der menschlichen Anatomie und Biomechanik angepasst, reduziert das Verletzungsrisiko, ist leistungsstark, ermöglicht langfristige Fortschritte und begünstigt eine harmonische Entwicklung der Muskulatur. Vor allem aber steigert er die Freude am Laufen deutlich! Ich hoffe, dass es Ihnen, so wie mir und allen Läufern, die mir ihr Vertrauen geschenkt haben, gelingen wird, »richtig zu laufen« und dabei viel Freude zu empfinden!

EIN WORT ZUR ENTSTEHUNG DIESES BUCHES

Viele Jahre lang habe ich selbst Straßenlauf und Triathlon praktiziert. Da ich mich für Lauftechnik und Biomechanik sehr interessiere, war ich lange Zeit äußerst frustriert über den Mangel an praktischer Literatur zu diesem Thema. Ich erinnere mich noch an meine Enttäuschung, als ich nach der Lektüre des fast tausendseitigen Buches »Lore of Running«, der sportmedizinischen »Laufbibel« des international renommierten Professors für Sportwissenschaften, Timothy Noakes, feststellte, dass er die mich interessierenden Fragen darin nicht einmal anschnitt. Ich habe mich nicht auf dieses Werk beschränkt, aber leider wurde mein Wissensdurst auch bei anderer Lektüre nie gestillt. Daher empfand ich das Bedürfnis, diese Lücke zu schließen, und so habe ich nun dieses Buch geschrieben.

KAPITEL 1

LAUFEN HEISST WÄHLEN

Zunächst möchte ich Ihnen einige einfache, grundlegende Gedanken vermitteln, die Ihnen bewusst machen sollen, wie wichtig die Technik beim Laufen ist und welche Folgen sie auf den Körper, die Leistungen und das Laufvergnügen hat.

Der erste einfache Gedanke lautet: Laufen heißt wählen.

Das soll heißen, dass es nicht nur eine einzige Art zu laufen gibt. Dank unserer vielen Muskeln und Gelenke verfügen wir über eine ganze Palette von Körperbewegungen und Laufstilen. Man muss nur in einem Park oder Stadion die Jogger um sich herum beobachten, um zu bemerken, dass der Körper und die Extremitäten bei einfachen Laufschritten auf vielfältige Weise positioniert werden können. Man kann mit mehr oder weniger gebeugten Armen laufen, mit krummem Rücken, geradem Oberkörper oder nach vorne gebeugt; man kann mit mehr oder weniger gestrecktem Bein den Boden berühren, auf seine Füße oder gerade vor sich hinschauen; man kann bei jedem Schritt mehr oder weniger hoch springen …

Der Zauber des menschlichen Körpers besteht darin, dass wir alle ohne das geringste Training oder eine bestimmte Technik laufen können. Das hängt sehr wahrscheinlich mit der evolutionären Bedeutung des Laufens für Angriff, Verteidigung und Flucht des Menschen zusammen.

Wenn man zu laufen beginnt, nimmt man spontan eine bestimmte Haltung und bestimmte Bewegungsformen ein, ohne groß zu hinterfragen, warum oder was geschehen würde, nähme man eine andere Haltung ein oder bewege sich anders. Dabei hat jeder Läufer durchaus die Wahl, wie er laufen möchte. Wir können dabei auch gewisse Regeln und sinnvolle Praktiken anwenden. Denn jeder Mensch kann seine Art des Laufens verändern und sich an einer Technik orientieren, die sich von der reinen Gehbewegung löst und in eine Laufbewegung übergeht.

1. Die verschiedenen Lauftechniken

Beobachtet man Langstreckenläufer, ob Neulinge oder Profis, ob beim Straßenlauf, Traillauf oder Triathlon, so können sie je nach den Merkmalen ihrer Lauftechnik und ihrer Biomechanik in zwei Gruppen unterteilt werden. Ich will versuchen, die grundlegenden Unterschiede zwischen den beiden Gruppen darzulegen.

Diese Einteilung beruht auf dem Begriff der Bewegungsbahn, die an einen Schnabelschuh erinnert, der im Mittelalter in Mode war. Der Fuß beschreibt diese Bewegungsbahn zyklisch unterhalb der Hüfte (siehe Abbildung rechts in Seitenansicht). Anhand dieser Bewegungsbahn kann die Lauftechnik analysiert werden, indem man sich auf zahlreiche Parameter konzentriert: Höhe des Fußes über dem Boden, Bewegungsbahn des Fußes von vorne nach hinten und von hinten nach vorne etc.

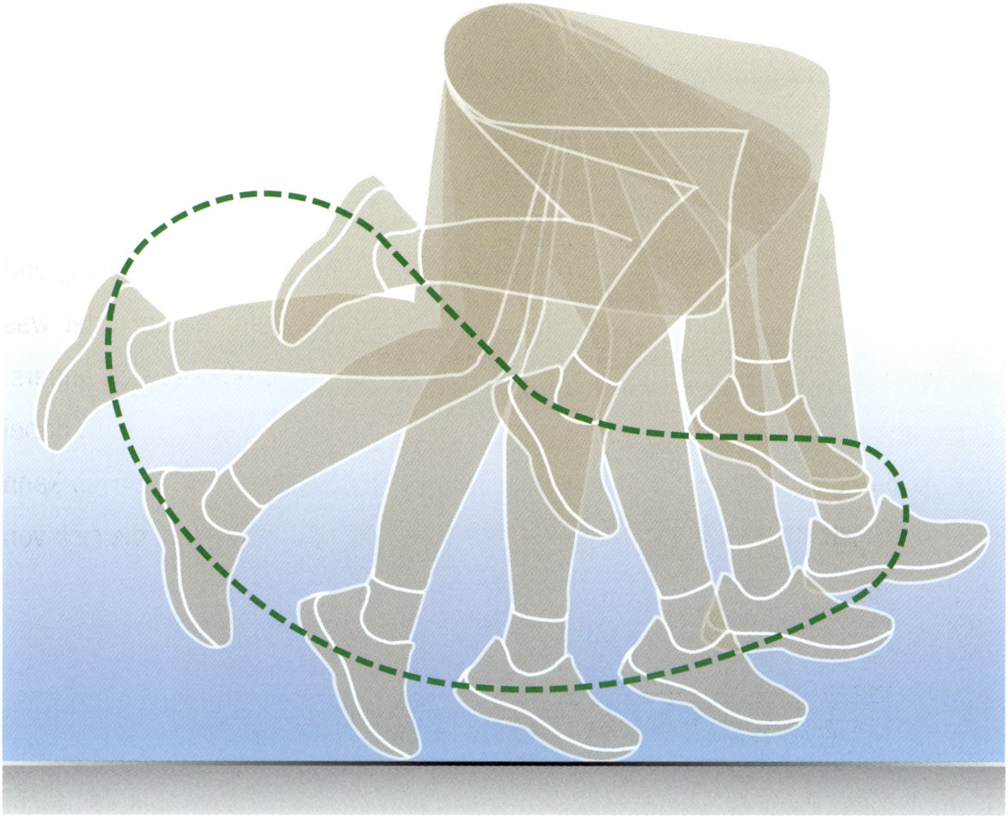

Nimmt man diese Bewegungsbahn für die Analyse zu Hilfe, lassen sich zwei Arten von Lauftechnik unterscheiden: die Geh-Läufer und die Mittelfuß-Läufer. In der Sportliteratur, die sich mit dem Laufen beschäftigt, gibt es weitere Klassifikationen, etwa die Unterscheidung zwischen Vorfußläufer/Ballenläufer und Rückfußläufer/Fersenläufer, zwischen dem Laufen mit höherem Springen und jenem mit den Füßen näher am Boden. Bei genauerer Betrachtung lassen sich damit aber nicht die »guten Praktiken« von den Fehlern unterscheiden, die ich beim Laufstil zahlreicher Langstreckenläufer beobachten konnte.

Das analytische Raster, das die Lauftechnik des Geh-Läufers dem Mittelfußläufer gegenüberstellt, hat das Verdienst, pädagogisch eingesetzt werden zu können, um die guten Praktiken der Lauftechnik hervorzuheben. Allerdings ist jede Klassifizierung unvollkommen, da keine davon alle Varianten eines spezifischen Laufstils abdecken kann.

So werden sich einige Leser bei der Beschreibung der Mittelfußlauftechnik vollkommen wiedererkennen, andere nur teilweise. Das Gleiche ist bei der Lauftechnik des Geh- Läufers zu beobachten. In unserem Zusammenhang spielt das aber keine so große Rolle, denn uns geht es hier weniger darum, die Läufer zu klassifizieren, als darum, interessante Aufschlüsse über die grundlegenden Elemente des jeweiligen Laufstils zu liefern.

Die Lauftechnik des Geh-Läufers

Mit dieser Kategorie fassen wir Läufer zusammen, deren Laufstil nach biomechanischen Kriterien dem Gehen sehr ähnlich ist.

Man sollte nicht glauben, dass nur relativ langsame Läufer diesen Laufstil haben. Es gibt Athleten (vor allem Läuferinnen), die mit diesem Laufstil ausgezeichnete Leistungen vollbrachten. Das gilt beispielsweise für Ludmila Petrova, eine russische Läuferin, deren Bestleistung beim Marathon 2:21:29 betrug (London 2006), oder für Paige Higgins, eine US-amerikanische Läuferin, deren persönlicher Rekord im Marathon bei 2:33:06 (Chicago 2008) liegt.

Betrachten wir zunächst das reine Gehen. Dabei ...

- wird der Schritt vom Fuß geführt (der Fuß nach vorne bewegt),
- berührt die Ferse den Boden zuerst, nicht der Mittelfuß und noch weniger der Vorfuß; der Bodenkontakt findet weit vor dem Körperschwerpunkt des Gehenden statt (dieser Schwerpunkt liegt senkrecht unter dem Becken),
- hebt sich der Fuß sich nur wenig vom Boden ab, und der Fußkontakt mit dem Boden erfolgt mit gestrecktem Bein, nicht mit einem gebeugten Knie.

Der Laufstil des Geh-Läufers lässt sich folgendermaßen beschreiben:

- Der Fuß trifft mit der Ferse auf den Boden auf, das Bein ist dabei gestreckt.
- Daran anschließend rollt der Läufer seinen Fuß von der Ferse zur Spitze auf dem Boden ab.
- Nach dem Auftreten hebt der Läufer seinen Fuß nur wenig vom Boden ab, das Knie des Schwungbeins wird leicht gebeugt.
- Der Fuß des Schwungbeins wird nah am Boden nach vorne gebracht und das Knie dieses Beins rasch wieder gestreckt, wodurch der Fuß sehr schnell eine fast kreisförmige Bewegungsbahn von oben nach unten beschreibt.
- Der Fuß des Schwungbeins passiert den Körperschwerpunkt des Läufers.
- Anschließend passiert er das Knie des Standbeins);
- dann trifft der Fuß wieder mit der Ferse auf dem Boden auf – dabei ist das vordere Bein so gut wie gestreckt.

Die Abbildung unten zeigt diese Bewegungssequenz des Fußes und die Bewegungsbahn eines Geh-Läufers (»Schnabelschuh«).

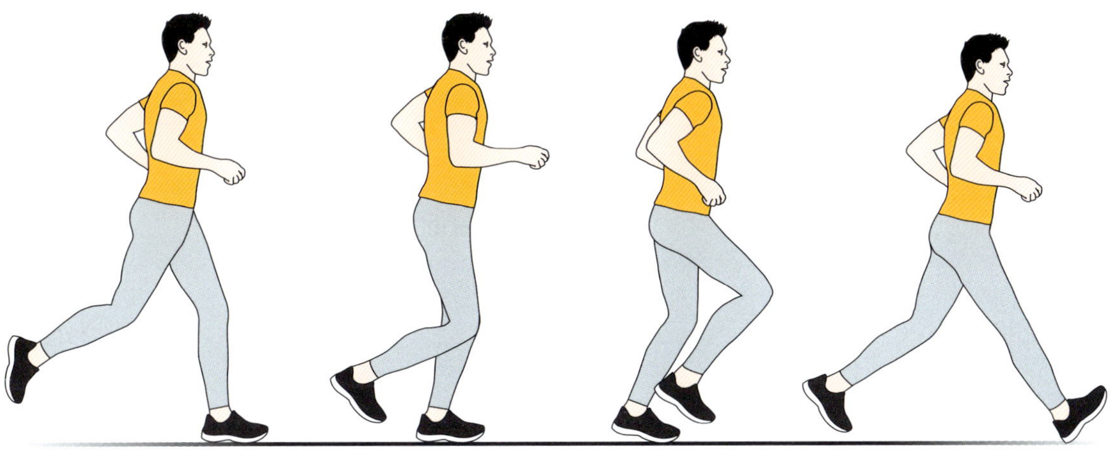

Bei dieser Lauftechnik erfolgt die Vergrößerung der Schrittlänge eher vor dem Körperschwerpunkt. Der Läufer wird versuchen, seinen Fuß weit vor dem Körper aufzusetzen. Das Gleiche geschieht im Übrigen auch beim Gehen. Dabei ist auch zu beobachten, dass der Geh-Läufer das Knie des Schwungbeins wenig beugt. Hat sich der Fuß vom Boden abgehoben, wird er nach vorne geführt; während dieser Phase behält das Knie des Schwungbeins den Beugungswinkel ungefähr bei. Noch bevor der Fuß des Schwungbeins am anderen Bein vorbeischwingt, beginnt der Läufer, sein Bein zu strecken, indem er den Kniewinkel vergrößert: Der Fuß beschreibt, insgesamt gesehen, eine Art kreisbogenförmige Bewegung nach vorne, ehe er den Boden berührt.

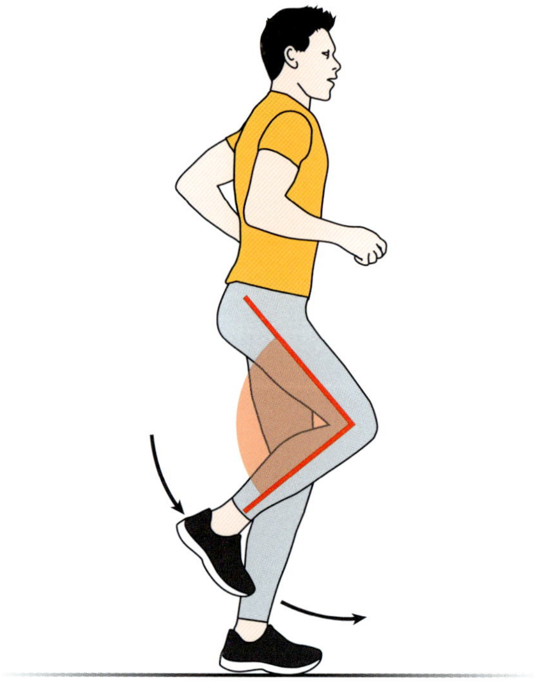

Auf den folgenden Abbildungen sind die Merkmale des Laufstils eines Geh-Läufers Phase für Phase zu sehen.

Die Phase der Hüftstreckung

Bei diesem Laufstil streckt der Läufer die Hüfte kaum. Die Schrittlänge wird vor allem nach vorne vergrößert, nicht durch eine Hüftstreckung nach hinten. Somit ist der Winkel zwischen Rumpf und hinterem Bein relativ klein.

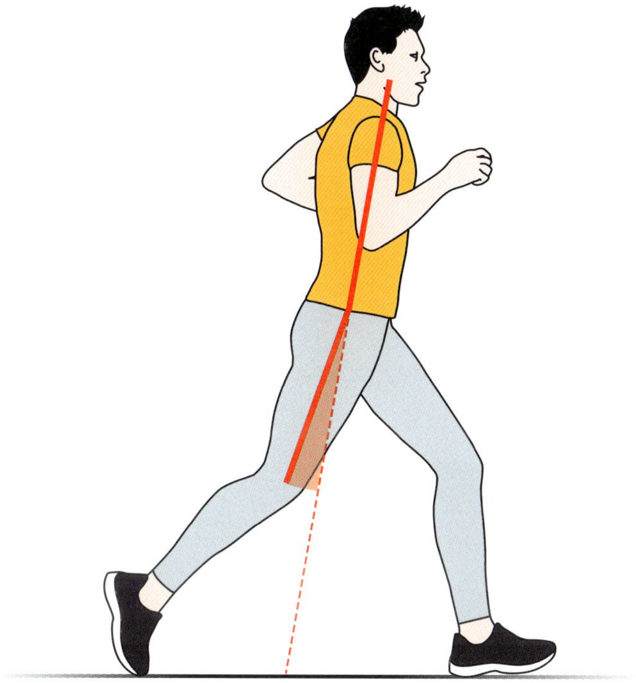

Das Aufsetzen des Fußes …

… ist gekennzeichnet durch

- das Aufsetzen der Ferse: In der großen Mehrheit der Fälle setzt der Geh-Läufer zuerst die Ferse auf den Boden.
- die angehobene Fußspitze: Der Fuß nähert sich dem Boden nicht horizontal, sondern in einem Winkel. Die Fußspitze wird beim Aufsetzen angehoben, was häufig eine Kontraktion der vorderen Tibiamuskulatur beinhaltet (siehe die Abb. auf der nächsten Seite).

- den weit vor dem Körper des Läufers aufgesetzten Fuß: Der Abstand zwischen dem Punkt, an dem der Fuß aufsetzt, und dem Becken hängt vornehmlich von der Geschwindigkeit des Läufers ab. Je schneller er läuft, desto weiter vorn wird er den Fuß aufsetzen.

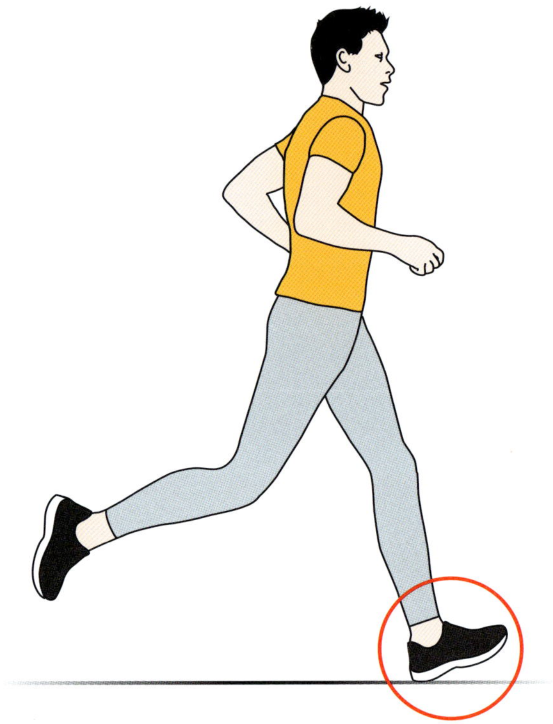

DER SONDERFALL DES MINIMALISTISCHEN LÄUFERS

Ein sehr kleiner Teil derjenigen Läufer, die barfuß oder minimalistisch laufen, setzt mit dem Vorfuß statt mit der Ferse auf, allerdings ohne die Bewegungsbahn zu verändern: Diese bleibt ähnlich wie beim Geh-Läufer. Wie wir weiter unten noch erklären werden, ist dieses Vorgehen alles andere als optimal. Dabei handelt es sich nur scheinbar um einen Mittelfußlauf, der nichts mit dem zu tun hat, was wir in diesem Buch empfehlen.

Das Anheben des hinteren Fußes und das Beugen des Knies

Der Geh-Läufer hebt seinen Fuß nur wenig. Vor allem streckt er das Knie des Schwungbeins rasch wieder.

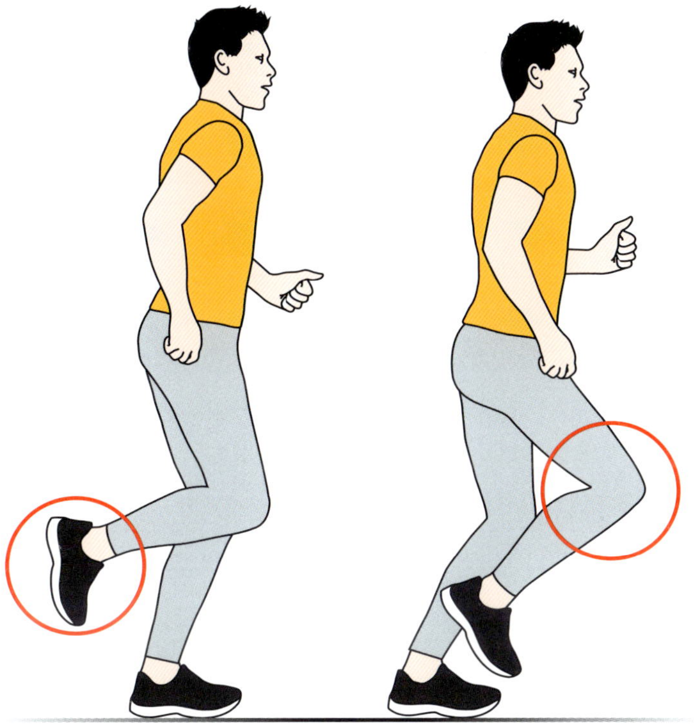

Light Feet Running: Betonung des Mittelfußes

Diesen Laufstil beobachtet man bei den meisten Hochleistungsläufern. Er verbindet eine Betonung des Mittelfußes mit einer sehr speziellen Bewegungsbahn. Sie unterscheidet sich in vielen Punkten vom Laufstil des Geh-Läufers. Optisch erfolgt diese Bewegungsbahn häufig vermehrt in der Luft[1].

[1] Es gibt Ausnahmen wie die US-amerikanische Triathletin Caitlin Snow. Ihr Laufstil besitzt die Merkmale der Mittelfußlauftechnik (Light Feet Running), die Schritte bleiben jedoch kurz und eher flach am Boden mit erhöhter Schrittfrequenz (etwa 200 Schritte/Min. bei einem Marathon, den sie beim Ironman in weniger als drei Stunden gelaufen ist).

Bei einer genauen Analyse der Lauftechnik von Profi-Läufern mit Betonung des Mittelfußes stellt man folgendes fest:

- Der Fuß setzt horizontal auf dem Boden auf: Der Winkel zwischen Fuß und Boden ist sehr klein. Der Fuß setzt beinahe flach auf, dabei ist der Vorfuß entweder auf selber Höhe mit der Ferse oder etwas tiefer. Ist die Schuhsohle nicht flach, d.h. wenn die Ferse innen im Schuh im Vergleich zum Vorfuß erhöht ist, kann die Ferse den Boden dennoch als erstes berühren (wie unten).

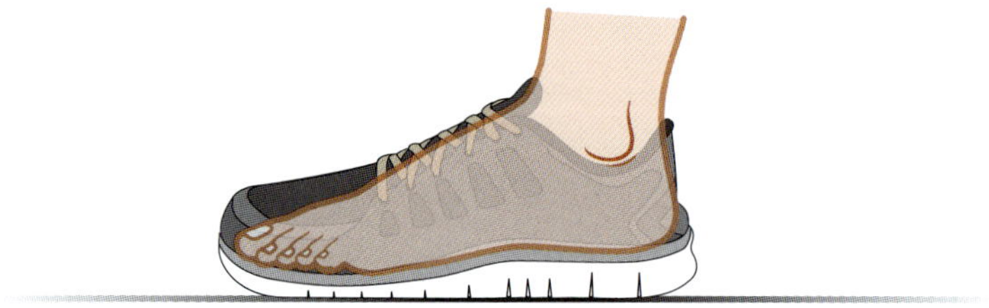

Läufer, die diesen Laufstil mit mehr oder weniger flachen Schuhen beherrschen, stellen den Fuß auf dem Mittelfuß oder sogar auf dem Vorfuß und nicht auf der Ferse auf.

- Der Läufer rollt den Fuß auf dem Boden nicht von der Ferse zur Spitze ab, sondern umgekehrt: der erste Bodenkontakt erfolgt mit dem Mittelfuß, dann erst mit der Ferse.
- Nachdem der Läufer den Boden mit dem Fuß berührt hat, beugt er das Knie des Schwungbeins weiter, bis der Fuß des Schwungbeins am anderen Bein vorbeischwingt. Der Läufer streckt sein Knie also später als beim Laufstil des Geh-Läufers.
- Der Fuß geht nicht über das Knielot hinaus (oder nur, wenn der Schritt sehr groß ist). Dieser Punkt ist wichtig, denn ich konnte bei einigen Läufern, die mit dem Mittelfußlauf beginnen, die Tendenz beobachten, zu tänzeln (Englisch: *skipping*): Sie heben das Knie und schwingen den Fuß nach vorne, wodurch das Bein in dem Moment, in dem es den Boden berührt, beinahe gestreckt ist. Manchmal richten

sie den Vorfuß sogar zum Boden, um ihn gut auf dem Boden aufzusetzen. Dieses Tänzeln (das wir so ähnlich auch bei Dressurpferden beobachten können) ist völlig unnötig und kann sogar langfristig Probleme in den Knien oder Waden verursachen.

- Der Fuß wird wieder von vorne nach hinten geführt, ehe er überhaupt den Boden berührt.
- Der Fuß setzt praktisch senkrecht unter dem Becken auf.
- Beim Aufsetzen des Fußes ist das Standbein leicht gebeugt.
- Der Läufer nutzt die Abstoßkraft und die elastische Energie maximal, die er unter seinem Fuß, in der Wade und in gewisser Weise in den vorderen Oberschenkelmuskeln speichert.
- Die Schrittlänge wird hauptsächlich durch die ischiocrurale Muskulatur (die Muskeln auf der Rückseite des Oberschenkels), durch die Gesäßmuskeln und durch die Rumpfmuskulatur erreicht.

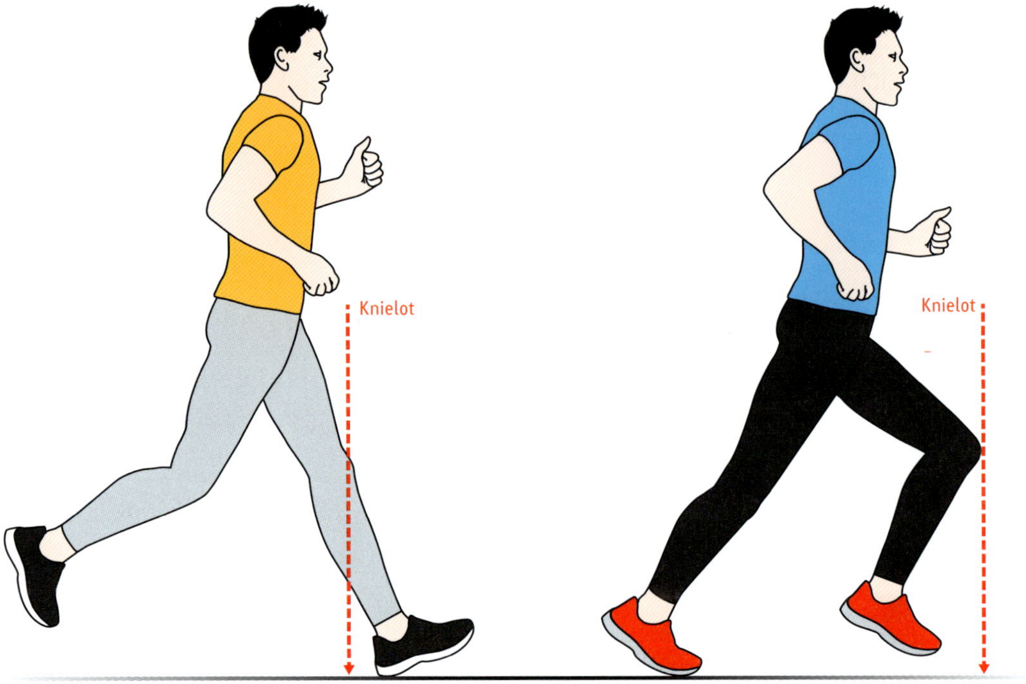

Laufstil des Geh-Läufers

Laufstil des Mittelfußläufers

Laufstil des Geh-Läufers: Der Läufer erreicht seine Schrittlänge, indem er seinen Fuß weit vor seinem Körper aufsetzt. Sein Fuß geht weit über das Knielot hinaus. Indem der Läufer die Schrittlänge vor allem mit dem Fuß erreicht, d.h. indem er sein Bein weit nach vorne schwingt, setzt er mit der Ferse auf den Boden auf und damit mit beinahe gestrecktem Bein. Der Aufsetzpunkt ist weit von seinem Körperschwerpunkt entfernt.

Laufstil des Mittelfuß-Läufers: Der Läufer beugt die Hüfte und lässt sein Knie nach vorne schwingen. Sein Fuß geht nicht über das Knielot hinaus (außer bei höherem Tempo).

Das Aufsetzen des Fußes

Der Fuß wird auf der vorderen Fußhälfte aufgesetzt, ohne dass die Fußspitze deshalb den Boden zuerst berühren muss. Das Laufen auf den Fußspitzen ist nicht zu empfehlen, da es den Fuß und die Wade sehr stark belastet und sogar zu Frakturen im Fuß führen kann.

Dieses Problem tritt häufig bei Läufern auf, die mit dem Barfußlauf beginnen. Sie zwingen sich, den Fuß zu weit vor dem Körper aufzusetzen, ohne die Bewegungsbahn zu verändern und ohne den Körper daran gewöhnt zu haben.

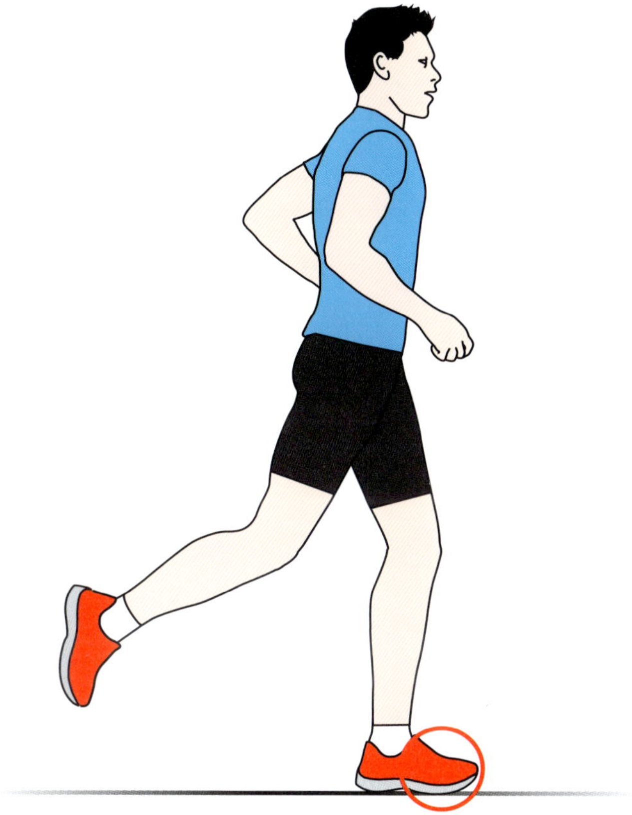

Heben des hinteren Fußes und Beugen des Knies

Der Fuß kommt relativ hoch und bewegt sich dank der langen, zunehmenden Kniebeugung im Schwungbein annähernd horizontal, bis der Fuß des Schwungbeins das Standbein passiert hat (die Abbildungen auf der nächsten Doppelseite wurden anhand von Fotos eines Läufers erstellt, der schneller als 15 km/h lief, was die hohe Position seines hinteren Fußes erklärt).

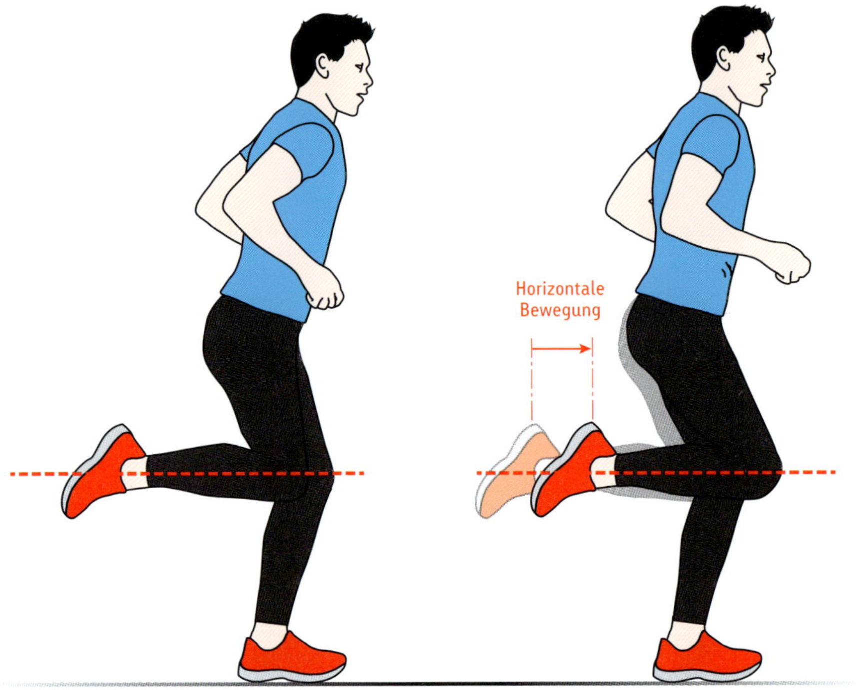

Interessanterweise ähnelt der Mittelfußlaufstil dem eines Kindes, wie hier zu sehen ist.

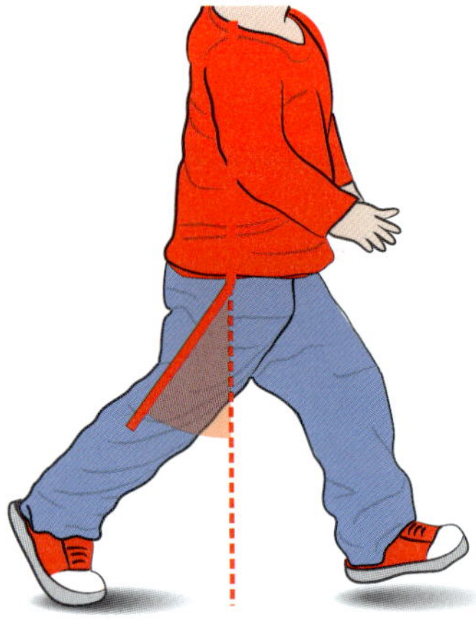

Beim Kind ist die Streckung (Öffnung) der Hüfte ausgeprägt.

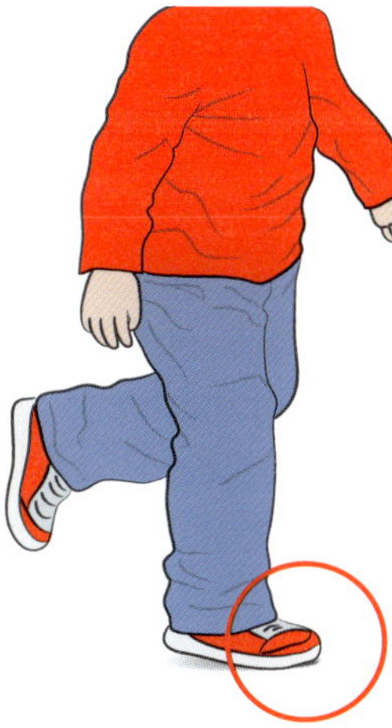

Das Kind setzt zuerst mit der vorderen Fußhälfte auf dem Boden auf. Der Fuß des Schwungbeins hebt sich bis kurz unterhalb des Knies. Er bewegt sich dank der langen und zunehmenden Kniebeugung des Schwungbeins beinahe horizontal, bis der Fuß des Schwungbeins am Standbein vorbeigezogen ist, genau wie beim Mittelfußläufer (Abbildung linke Seite). Die Bewegung ist der des Mittelfußläufers also trotz der unvergleichbaren Geschwindigkeiten sehr ähnlich.

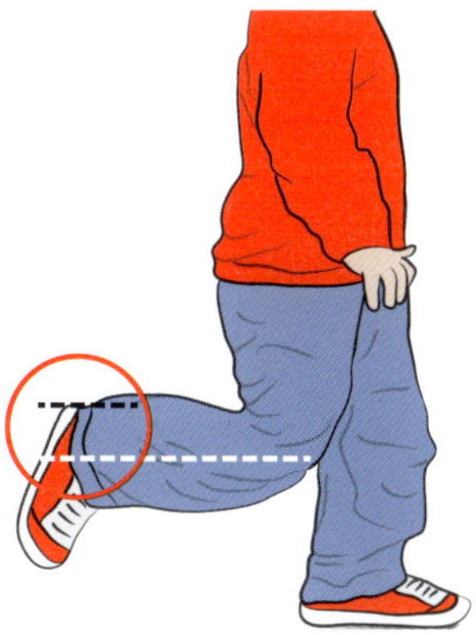

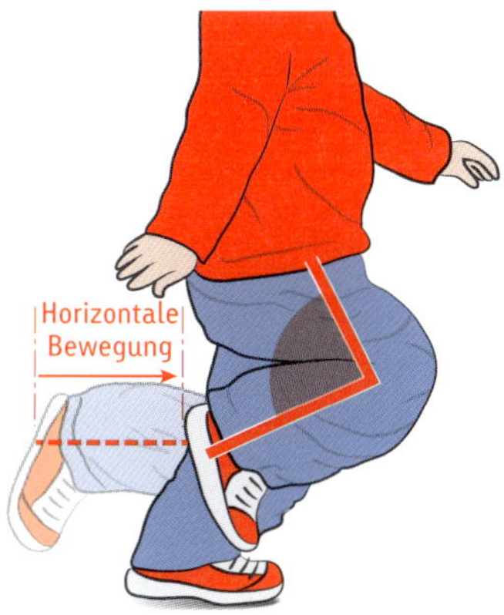

ZUSAMMENFASSUNG

Beim Ausdauerlauf lassen sich schematisch zwei Arten von Lauftechnik unterscheiden: die des Geh-Läufers und die mit Betonung des Mittelfußes (Light Feet Running). Die Biomechanik ist jeweils unterschiedlich, und es werden auch nicht die gleichen Muskelgruppen beansprucht.
Zwischen Lauftechnik und Laufgeschwindigkeit besteht kein Zusammenhang. Ein Kind läuft ganz natürlich und instinktiv über den Mittelfuß. Der Erwachsene hingegen neigt zum Laufstil des Geh-Läufers.

PRO UND CONTRA

Wie Sie in diesem Buch entdecken werden, gibt es viele biomechanische Argumente zugunsten des Mittelfußlaufs. Richtig ist auch, dass die Beobachtung der Weltelite der Langstreckenläufer zur Wahl der Mittelfußlauftechnik anregen kann, die sich eben nicht nur darauf beschränkt, den Fuß in der Mitte aufzusetzen, sondern auch einen spezifischen Bewegungsablauf beinhaltet.

In diesem Zusammenhang liest man häufig, rund 80 Prozet der Marathonläufer würden mit der Ferse zuerst auf den Boden aufsetzen. Wenn man jedoch die Analyse verfeinert – und vor allem, wenn man die schnellsten Marathonläufer beobachtet –, stellt man fest, dass die besten Marathonläufer tatsächlich einen Laufstil bevorzugen, dessen Bewegungsbahn eher der des Mittelfußläufers als der des Geh-Läufers gleicht. Das zeigt: Nur weil der Bodenkontakt bei einigen zuerst mit der Ferse erfolgt, darf man die Bewegungsbahn des Fußes als Ganzes nicht aus dem Blick verlieren. Trotzdem muss jeder Läufer Pro und Contra abwägen und für sich selbst entscheiden, für welchen Laufstil er sich entscheidet. Als kleine Stichprobe dazu habe ich unter den Lesern meines Blogs eine Umfrage durchgeführt. Alle hielten sich seit mehr als sechs Monaten an meine Empfehlungen. Von den 43 befragten Läuferinnen und Läufern erklärten alle bis auf einen, sie hätten mit der Mittelfußlauftechnik mehr Freude am Laufen. Diese Personen interessierten sich natürlich bereits von Anfang an für das Light Feet Running. Der Umfrage zufolge (bei der Mehrfachnennungen möglich waren) hatten sie dafür folgende Gründe: Einige wollten ihre Lauftechnik verbessern (38 Nennungen), eine Verletzung ausheilen (21), Empfehlungen in den Medien folgen (12), dem Rat eines Freundes (3), eines Trainers (3) oder eines medizinischen Fachmanns (1).

Wenn ich einen Vergleich mit einer anderen Sportart ziehen müsste, würde ich sagen, dass der Mittelfußlauf beim Laufen das ist, was beim Skilanglauf das Skating ist, wobei in diesem Fall die Technik des Geh-Läufers dem Skilanglauf in der parallelen Spur entspricht: Die Techniken, das Material und das Laufgefühl sind unterschiedlich, genau wie die Auswirkungen auf die Muskulatur des Sportlers.

In den letzten Jahrzehnten sind die Lauftechniken vielfältiger geworden. Die Technik eines geübten Trailläufers ist eine andere als die eines Triathleten oder eines Wochenend-Joggers. Dieses Buch soll Sie zu einer Verbesserung Ihrer Lauftechnik anregen – unabhängig davon, welche Technik Sie nun ganz persönlich für sich bevorzugen.

Es geht also nicht darum, die eine Lauftechnik zu propagieren und eine andere abzulehnen. Sondern darum, Ihnen dabei behilflich zu sein, aus wichtigen theoretischen Erkenntnissen (der Art und Weise, wie sich das Laufen während des Trainings herausbildet) und bewusstem Auswählen (der Anwendung bestimmter Regeln, wie sie in diesem Buch für den Mittelfußlauf dargelegt werden), die für Sie individuell am besten geeignete Lauftechnik zu entwickeln.

2. Die Lauftechnik ändern, um Verletzungen vorzubeugen

Ein wichtiges Thema der Biomechanik ist die Reduzierung des Verletzungsrisikos. Meine Erfahrung hat mir gezeigt, dass die von vielen Hochleistungsläufern praktizierte Mittelfußlauftechnik wenig traumatisierend ist und somit ein deutlich geringeres Verletzungsrisiko für den Läufer besteht. Eine wachsende Zahl von medizinischen Fachleuten und Laufspezialisten, darunter der kanadische Physiotherapeut Blaise Dubois, sind ebenfalls dieser Meinung. Ich selbst habe mich auch mit Podologen und Osteopathen ausgetauscht, die mir bestätigten, zunehmend von den Vorzügen dieser Lauftechnik überzeugt zu sein. Allerdings reicht eine Veränderung der Lauftechnik allein noch nicht aus, um Verletzungen vorzubeugen. Dem Läufer muss auch klar sein, dass er seinen Körper zu respektieren, die notwendigen Anpassungs- und Erholungsphasen zu beachten und übertriebenes Training zu vermeiden hat. Deshalb propagiere ich das von mir favorisierte Light Feet Running nur zusammen mit einer bestimmten Sportethik: Die Praxis eines der Anatomie angepassten Laufstils muss von einem Training begleitet werden, das auf die Fähigkeiten des Organismus abgestimmt ist.

DIES SOLLTE NIE VERGESSEN WERDEN

Auch die beste Lauftechnik der Welt kann Sie im Wortsinn »am Wegesrand« im Stich lassen, wenn sie falsch angewendet oder nicht richtig bzw. nicht genügend trainiert wird.

Eine im »British Journal of Sports Medicine«[2] veröffentlichte Studie umfasste 267 Amateurläufer. Alle wurden neun Monate lang beobachtet. Von den 267 Läufern zogen sich 89 eine Verletzung zu, das entspricht 33 Prozent mit 6,05 Verletzungen auf 1000 Trainingsstunden.

[2] Malisoux A. et al: »Impact of training characteristics on running-related injuries in recreational runners« *Br J Sports Med* 2014; 48:631-632.

Dieser Studie zufolge erhöhten die folgende Faktoren das Verletzungsrisiko der Läufer signifikant:

- Pro Woche wurde weniger als zwei Stunden lang gelaufen (demnach verletzen Anfänger sich leichter, was unmittelbar einleuchtet: Der regelmäßig trainierende Läufer ist gegenüber dem nur gelegentlich trainierenden eindeutig im Vorteil).
- Die Länge der Laufstrecke wurde von einer Woche zur anderen verändert (d. h. der Läufer war unbeständig).
- Es wurde immer mit der gleichen Art von Schuhen gelaufen.
- Der Läufer hatte bereits zuvor eine oder mehrere Verletzungen gehabt.

Es bestand kein Zusammenhang zwischen den anderen untersuchten Faktoren wie Intensität der Anstrengung und Länge der Laufstrecke und dem Verletzungsrisiko. Anders ausgedrückt: Ein perfekt trainierter Läufer kann pro Woche 100 Kilometer in intensiven Sequenzen laufen (erhöhte VMA = maximale aerobe Geschwindigkeit), ohne sich zu verletzen, solange seine wöchentliche Laufstrecke konstant bleibt. Ein Läufer hingegen, der in einer Woche 10 km und in der nächsten 35 km läuft, hat ein höheres Verletzungsrisiko, auch wenn er immer mit derselben Intensität läuft.

Abschließend lassen sich aus dieser Studie die folgenden praktischen Empfehlungen ableiten: Zur Reduzierung des Verletzungsrisikos ist es wichtig,

- mit wechselnden Schuhtypen zu laufen,
- die Laufstrecke von einer Woche zur anderen nicht (zu sehr) zu verändern,
- mehr als zwei Stunden pro Woche zu laufen.

GRUNDSÄTZLICH GILT

Passen Sie Ihr Training immer Ihrer Kondition, Ihrem Alter und Ihren körperlichen Fähigkeiten an, egal mit welcher Technik Sie laufen.

3. Die Lauftechnik ändern, um Fortschritte zu machen

Gründe, laufen zu wollen, gibt es viele: um abzunehmen, sich körperlich zu betätigen, die Natur zu genießen, sich auszutoben, um Stress abzubauen ... Bei vielen Läufern kommt aber sehr bald hinzu, dass sie ihre Leistung chronometrisch erfassen möchten. Das liegt in der menschlichen Natur und am allgemeinen Umfeld. Bei allen Wettläufen gibt es eine Klassifizierung und eine Zeitmessung. In allen Zeitschriften für Läufer sind Artikel über Trainingsmethoden zu lesen, um schneller laufen zu lernen.

Ein Läufer, dessen Lauftechnik unter biomechanischen Gesichtspunkten nicht korrekt ist, wird weniger Fortschritte machen als einer mit einer guten Lauftechnik. Zwar werden seine Fortschritte zunächst nicht unbedingt langsamer erfolgen – auch ein Läufer mit schlechter Technik wird anfangs Fortschritte machen und sogar recht schnell laufen können –, aber seine Leistung wird bald stagnieren, und er wird große Schwierigkeiten haben, über dieses Niveau hinauszukommen. Zudem wird er es meist auch mit Verletzungen zu tun bekommen: Ein Läufer, der seinen Körper schlecht (mit einer falschen Technik) oder zu wenig trainiert, hat ein hohes Risiko, eines Tages dafür zu »bezahlen« – sei es kurzfristig in Form einer plötzlichen Verletzung oder langfristig beispielsweise durch chronische Gelenkbeschwerden.

Ein Läufer muss versuchen, seinen Körper auf die am wenigsten traumatisierende Weise zu beanspruchen. Nur so kann er langfristig Fortschritte machen.

Ein weiterer Punkt, der gelegentlich vergessen wird, ist, dass eine Reduzierung des Verletzungsrisikos schon deshalb die beste Voraussetzung für langfristig gute Leistungen ist, weil ein häufig verletzter Läufer sein Training oft unterbrechen muss, also sehr viel weniger trainieren kann als ein Läufer ohne Verletzungen, was sich auf das Leistungsniveau auswirkt: Ein Läufer, der viel trainiert, wird auch die besseren Leistungen erzielen als ein unzureichend trainierter Läufer.

4. Die Lauftechnik ändern, um die Muskulatur harmonisch zu trainieren

Die Mittelfußlauftechnik (Light Feet Running) ist besonders wirksam, um die Muskulatur umfassender zu trainieren als durch die Lauftechnik des Geh-Läufers.

Wenn Sie von der Lauftechnik des Geh-Läufers auf die Mittelfußlauftechnik umstellen, wird dies Ihre Morphologie unweigerlich beeinflussen: Je mehr Sie die in diesem Buch empfohlene Mittelfußlauftechnik übernehmen und perfektionieren, desto mehr trainieren Sie Muskeln wie die Gesäßmuskeln, Bauchmuskeln, Wadenmuskeln, Brustmuskeln und die ischiocruralen Muskeln (auf der Rückseite der Oberschenkel). Dabei trainieren Sie auch alle posturalen (überwiegend stabilisierende Funktionen ausübenden) Muskeln[3], die beim Laufen sehr wichtig sind.

Umgekehrt fordert ein Läufer, der nicht auf seine Lauftechnik und seine Haltung achtet, seine Muskulatur sehr viel weniger; in diesem Fall wirken sich die mit dem Laufen verbrachten Stunden nicht unbedingt günstig auf seine Körpersilhouette aus.

Der Körper weist die Besonderheit auf, selbst mit einer schlechten Haltung laufen zu können, also mit einer geringen Mobilisierung der Muskeln, die dem Läufer als Stütze dienen und zu einer guten Haltung verhelfen. Diese Situation ist auch den besten Läufern bekannt, wenn sie einen zu hohen Erschöpfungsgrad erreichen. Man muss nur die Haltung einiger Läufer zu Beginn und am Ende eines langen Laufes wie beim Marathon vergleichen. Mit zunehmender Erschöpfung mobilisiert der Körper weniger Haltemuskeln, um die maximale Energie auf die Bewegungsmuskeln zu konzentrieren. Damit wird die allgemeine Haltung ganz von selbst schlechter.

[3] Physiotherapeuten sprechen in diesem Zusammenhang auch von der »posturalen Stabilität«: Darunter versteht man die Fähigkeit, genügend Muskelaktivität zu generieren, um sich im Sitzen, Stehen und Gehen gegen die Schwerkraft aufrichten zu können. Von entscheidender Bedeutung dafür ist die Funktion bestimmter Schlüsselmuskeln (Kniegelenks-, Hüftgelenks- und Rumpfextensoren).

Dem orthopädischen Chirurgen Gordon Waddell zufolge enthalten unterschiedliche Muskeln verschiedene Anteile langsamer und schneller Muskelfasern: »Langsame Fasern unterstützen die Haltung; sie werden leichter aktiviert, sind zu länger anhaltenden Kontraktionen fähig und neigen zu Verkürzung und Verhärtung. Schnelle oder phasische Fasern ergeben eine dynamische willkürliche Bewegung: Sie ermüden rascher und neigen zu Schwäche.«[4] Mithilfe der in diesem Buch empfohlenen Bewegungsabläufe und Haltungen können Sie Ihre Halte- und Bewegungsmuskulatur besser (und vermehrt) einsetzen.

Es ist leicht verständlich, dass das Laufen mit rundem Rücken und auf die Schuhe gerichtetem Blick, bei dem man sich damit begnügt, das Bein bei jedem Schritt nach vorn zu bewegen und die Arme passiv zu lassen, nicht die gleiche Muskelarbeit erfordert wie eine Lauftechnik mit geradem Rücken, nach vorne gerichtetem Blick, aktiv bewegten Armen und einer Schrittfrequenz, die einen dynamischen Laufstil erlaubt (um nur einige Bewegungsbeispiele des Light Feet Runnings zu nennen).

Auch wenn man nur wenige Stunden pro Woche läuft, sollte alles dafür getan werden, die Zeit mit einer besseren Körperhaltung gut zu nutzen.

5. Die Lauftechnik ändern, um mehr Freude am Laufen zu haben

Wenn Sie Ihre Lauftechnik auf das Light Feet Running umstellen und den Empfehlungen in diesem Buch folgen, werden Sie sehr wahrscheinlich mehr Freude am Laufen haben. Zu diesem Schluss sind praktisch alle Läufer gekommen, die meine Empfehlungen in die Tat umgesetzt haben und die ich befragen konnte.

Wie erklärt sich dieses größere Laufvernügen? Ich bin nicht sicher, eine erschöpfende Antwort gefunden zu haben. Allerdings sind mir einige Punkte aufgefallen.

[4] Gordon Waddell, »The back pain revolution«, Churchill Livingstone, Edinburgh 1998

Der erste Punkt hängt mit Faktoren wie der Leichtigkeit, den Empfindungen in den Füßen und der Haltung zusammen.

Leichtfüßig zu laufen, dabei bei jedem Schritt wenig Geräusch zu machen, mühelos durch die Luft zu gleiten – all das zusammen sorgt für ein äußerst angenehmes Gefühl.

Die neuen Empfindungen in den Füßen sind ebenfalls sehr angenehm: Schon seit der Antike kennt man die guten Auswirkungen von Druckpunkten unter dem Fußgewölbe. Auch wenn das Laufen auf dem Mittelfuß niemals mit einer Fußreflexzonenbehandlung gleichzusetzen ist, so gilt doch, dass es gut tut, alle Bereiche des Fußes anzuregen. Schließlich trägt dies ebenfalls zu besseren Empfindungen und zu einer besseren Sauerstoffversorgung qua Zwerchfellatmung bei, wenn mit geradem Rücken und gestrecktem Brustkorb gelaufen wird.

Die Mittelfußlauftechnik (Light Feet Running) ist auch deshalb angenehm für den Läufer, weil sie für einen positiven biomechanischen Kreislauf sorgt. Die Tatsache, dass die Bremskräfte maximal begrenzt werden und die – sowohl in den Beinen als auch im Rumpf gespeicherte – elastische Energie optimal genutzt wird, erweckt die Empfindung, den Körper ganz von alleine laufen lassen können, mit deutlich weniger Anstrengung als bei einer »klassischen« Lauftechnik.

Das soll nicht heißen, dass man ohne höhere Herzfrequenz automatisch und problemlos ein höheres Tempo erreicht. Es bedeutet nur, dass man das Laufen als einfacher, geschmeidiger, weniger schwerfällig und kraftvoller empfindet.

Es ist angenehm, eine ausgeglichene und konzentrierte Lauftechnik zu beherrschen – genauso angenehm wie die Beherrschung einer Technik bei jedem anderen Sport: Einen Tennis- oder Golfball mit einer guten Technik zu schlagen, mit einer guten Stütze, einer guten Haltung und unter Nutzung der richtigen Muskelgruppen, verschafft bessere Empfindungen, als mit einer mehr oder weniger schlechten Technik zu agieren.

Gutes Laufen ist eine Fertigkeit, eine besondere Kompetenz, die in der Regel einen Lernvorgang verlangt – nur bei sehr wenigen Läufern ist dieses Talent angeboren. Die Beherrschung der Mittelfußlauftechnik ist auch deshalb angenehmer für den Läufer als andere Lauftechniken, weil hier die Gelenke mehr geschont und die Stoßbelastung eher vermindert werden. Dies bestätigt sich während des Laufens, aber auch danach: Wird das Light Feet Running erst einmal beherrscht, treten nach dem Training weniger Schmerzen auf; die Belastung für Muskeln und Gelenke ist deutlich reduziert, und der Läufer erholt sich schneller.

KAPITEL 2

DEN »ANTRIEB« WEITER NACH OBEN VERLAGERN

Diese – auf den ersten Blick vielleicht doch etwas überraschende – Überschrift trifft genau den Kern der Mittelfußlauftechnik: Denn dabei geht es, sehr schematisch gesprochen, vor allem darum, den »Antrieb« beim Laufen ins Becken zu verlagern. In diesem Zusammenhang muss uns klar werden, dass das Laufen nicht nur eine Angelegenheit der Beine ist, sondern den gesamten Körper einbezieht.

Im Lauf der Evolution hat sich unser Körper angepasst, sodass wir schnell und lange laufen können. Dabei wurden wir mit anatomischen Besonderheiten ausgestattet, die man verstehen muss, um sie bestmöglich nutzen zu können.

Die Elastizität der Muskeln und Sehnen

Der menschliche Körper besitzt Muskeln und Sehnen, die beim Laufen eine grundlegende Rolle spielen. Die Sehnen sind Fasern aus Bindegewebe, die die Muskeln mit den Knochen verbinden. Sie übertragen eine mechanische Kraft auf die Knochen, um Bewegung zu ermöglichen. Diese Sehnen und die Muskeln, an denen sie ansetzen, haben die Fähigkeit, die auf den Läufer einwirkenden Stauchkräfte in Form von elastischer Energie zu speichern.

Auch im Fußbereich befinden sich zahlreiche Sehnen: die Achillessehne sowie die Sehnen im Bereich der Fußsohle.

Die Achillessehne kann bis zu 35 Prozent der Stauchkraft in Form von elastischer Energie freisetzen. Bei den Sehnen der Fußsohle liegt dieser Wert bei bis zu 17 Prozent.

Schätzungen zufolge müsste ein Läufer ohne diese elastische Energie eine 30 bis 40 Prozent höhere VO_{2max} (auch: maximale Sauerstoffkapazität) haben, um in seinem üblichen Tempo laufen zu können. Diese elastische Kraft ist insofern passiv, als sie vom Läufer keine andere Anstrengung verlangt, als bei jedem Schritt den Boden optimal zu berühren. Genau wie eine Feder, die man spannt, geben diese Sehnen mühelos sehr viel Energie ab, wenn sie ihre anfängliche Länge wieder erreichen.

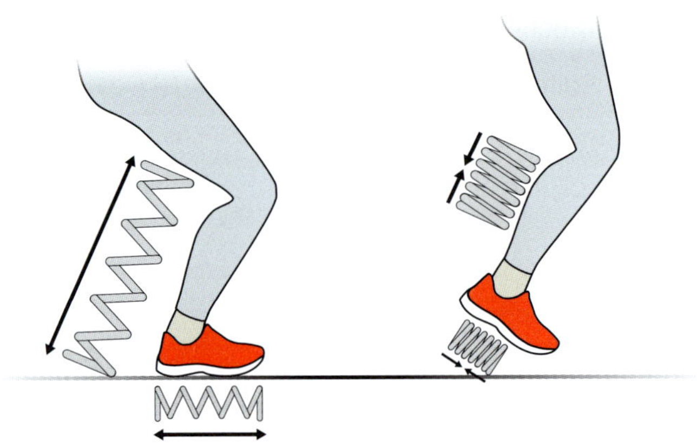

Für den Läufer ist es daher äußerst wichtig, aus dieser außergewöhnlichen anatomischen Eigenschaft optimalen Nutzen ziehen zu können. Es gehört zum Know-how des Mittelfußläufers, den Aufprall des Körpergewichts auf den Boden maximal in elastische Energie umwandeln zu können, um vorwärts zu kommen.

Die Gesäßmuskeln als Antrieb

Ein weiteres körperliches Merkmal, das der Mensch im Lauf der Evolution entwickelt hat und das beim Laufen eine grundlegende Rolle spielt, ist die Bedeutung der Gesäßmuskeln. Diese sehr voluminösen Muskeln sind dem Laufen perfekt angepasst; sie wirken am Antrieb des Läufers ebenso wie an der Stabilität und der korrekten Ausrichtung des Beckens mit.

Die Gesäßmuskeln tragen zur Hüftstreckung bei. Sie helfen dem Läufer, dieses Gelenk nach hinten zu öffnen.

In dem Moment, in dem der Fuß auf dem Boden aufkommt, ist das Hüftgelenk gebeugt. Es streckt sich, sobald die Bodenberührung abgeschlossen ist. Durch die Streckung des Oberschenkels nach hinten erhält der Schritt eine gewisse Weite. Auch diese anatomische Besonderheit ist für das Laufen ideal und kann genutzt werden, um eine optimale Lauftechnik zu entwickeln.

Hinzu kommen **fünf weitere Mechanismen**, deren gute Nutzung und perfekte Koordination dem Läufer für die Entwicklung einer unter biomechanischen Gesichtspunkten optimalen Lauftechnik hilfreich sein können.

Auf den folgenden Seiten werden wir sehen, wie gerade die Mittelfußlauftechnik (Light Feet Running) es besser als jede andere Lauftechnik versteht, von diesen anatomischen Besonderheiten des Menschen zu profitieren.

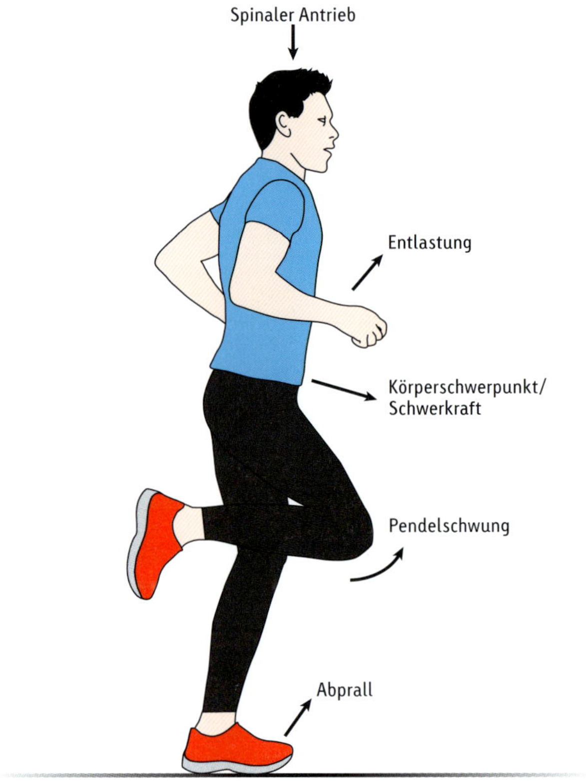

1. Der Abprall

Eine Besonderheit der menschlichen Anatomie ist es, dass sich Rumpf und Beine eines Läufers wie eine Feder verhalten. Stellen Sie sich schematisch vor, dass die Schultern des Läufers oben an einer Feder fixiert sind und das Becken darunter ebenso: Jede Verdrehung (Torsionsbewegung) zwischen dem oberen und unteren Teil des Rumpfes erzeugt umgekehrt eine elastische Kraft.

Der Läufer kann diese Torsionskraft in eine Vorwärtskraft umwandeln.

Konkret bedeutet dies, dass bei jedem Schritt die Schulter- und die Beckenlinie des Läufers in entgegengesetzter Richtung rotieren. Wenn beispielsweise die linke Schulter nach vorne kommt, geht die linke Hüfte zurück. Diese Rotation bringt einen Torsionseffekt und umgekehrt eine elastische Kraft mit sich.

Diese Torsion ist beim Sprint deutlich sichtbar, wie hier auf der Zeichnung von Usain Bolt zu sehen:

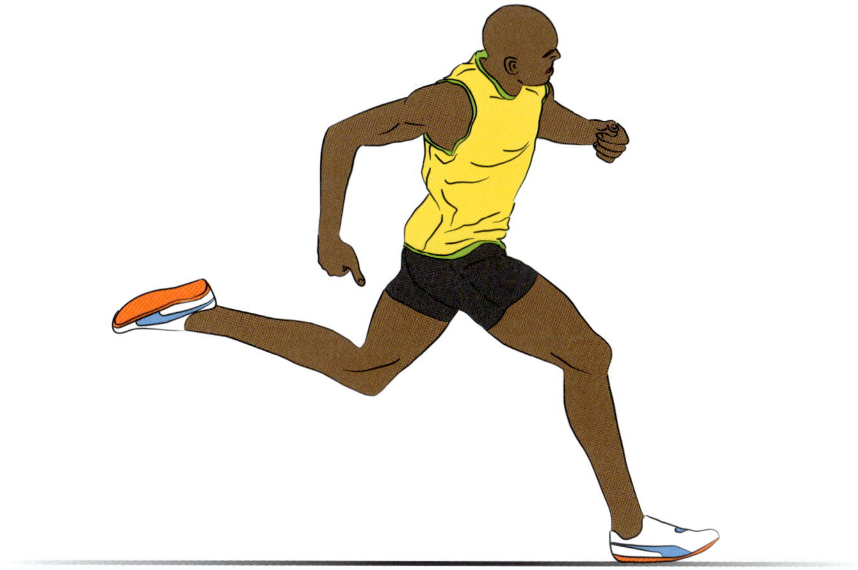

Antrieb dieser Feder sind tief liegende Muskeln, Bänder und Sehnen des Rumpfes.

Auch die Beine speichern in dem Moment, in dem sie sich am Boden abstützen, elastische Energie. Sie funktionieren also ebenfalls wie eine Feder, in diesem Fall jedoch durch Kompression von oben nach unten.

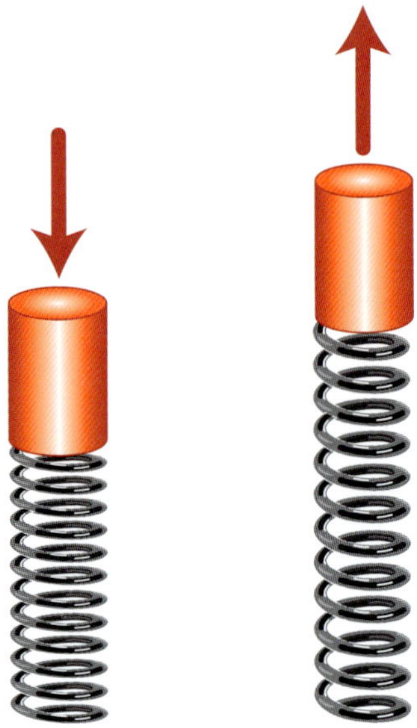

Diese gesamte elastische Energie ist »kostenlos«. Unser Körper ist so angelegt, dass er sie von selbst erzeugt, sobald wir den richtigen Bewegungsablauf haben.

Das Interessante am Mittelfußlauf ist, dass wir dabei genau diese Energiequelle nutzen können, indem wir die Bewegungen gut koordinieren und die Gliedmaßen optimal positionieren.

Trifft der Läufer mit gestrecktem Bein und der Ferse zuerst auf dem Boden auf, wird unsere natürliche Feder (in diesem Fall die Beine) so gut wie nicht belastet. Diese Feder erzeugt damit praktisch keine Energie. Wird hingegen der Mittel- oder Vorfuß mit leicht gebeugtem Bein zuerst aufgesetzt und zwar praktisch im Beckenlot, kann die maximale elastische Energie gespeichert werden, die der Läufer in Antriebskraft umwandelt, indem er seine Hüfte öffnet, seine ischiocrurale Muskulatur und seine Gesäßmuskulatur einsetzt und auch seine Arme aktiv benützt.

2. Der spinale Antrieb

Im Jahr 1988 erarbeitete Prof. Serge Gracovetsky von der im kanadischen Montreal beheimateten Universität Concordia (Kanada) die Theorie des »spinalen Antriebs«.

Ausgangspunkt seiner schließlich auch als Buch[5] publizierten Theorie war die Beobachtung mehrere Phänomene, die ihn darüber nachdenken ließen, welche Kräfte wohl tatsächlich die Laufbewegung erzeugen.

Käme die Kraft in erster Linie aus den Beinen (wie dies beim Radfahren der Fall ist), hätte der Läufer keinerlei Interesse an einem muskulösen Oberkörper und an muskulösen Armen, denn diese würden ihn nur belasten.

Tatsächlich entwickelt sich bei Radrennfahrern die Muskulatur von Ober- und Unterkörper in der Regel unausgewogen.

Auf das Profil des schnellsten Läufers übertragen, müsste dieses – wenn die Beine allein das Tempo bestimmten – hypertrophierte Beinmuskeln und einen äußerst zartgliedrigen Oberkörper aufweisen. Sieht man sich aber mal das körperliche Erscheinungsbild von Sprintchampions an, stellt man fest, dass sie keineswegs so aussehen: Ihre Beine sind zwar muskulös, aber sie stehen in einem ausgewogenen Verhältnis zur Muskulatur des Oberkörpers.

Prof. Gracovetsky beobachtete zudem, dass sich Menschen, denen nach einer Amputation die unteren Gliedmaßen fehlen, ganz ähnlich wie unversehrte Menschen fortbewegen, sobald sie mit Prothesen versorgt sind. Es gibt sogar Fälle, in den Menschen ohne Beine ein sehr schnelles Lauftempo erreichen können, das mit dem unversehrter Läufer vergleichbar ist, sobald sie entsprechend angepasste Prothesen tragen. Man denke in diesem Zusammenhang etwa an den südafrikanischen Sprinter Oscar Pistorius, der wegen einer angeborenen Erkrankung seit seiner Kindheit keine Beine mehr hat und 2012 mit Prothesen die von seinem Land verlangten olympischen Mindeststandards über 400 m erreichte. Pistorius hält einen persönlichen Rekord über 100 m von 10,91 Sekunden und über 400 m von 45,07 Sekunden.

[5] Serge Gracovetsky, »The Spinal Engine« (Englisch), Springer-Verlag 1989

Auf der Basis solcher Beobachtungen kam Gracovetsky zu der festen Überzeugung, dass die menschliche Fortbewegung (sowohl beim Gehen als auch beim Laufen) nicht so sehr das Produkt der Beinarbeit, als der des Rumpfes ist. Im Rumpf befindet sich ihm zufolge der grundlegende Antrieb für die Fortbewegung. Entscheidend dafür ist das Phänomen der Torsion und Kompression der Wirbelsäule: Beim Kontakt des Fußes mit dem Boden wird die Energie in Form eines Impulses gewonnen, der am Bein nach oben wandert. Über das Becken wird die Energie dann in die Wirbelsäule übertragen, was hier zu einer Torsions-Kompressionsbewegung führt. Indem sich die Wirbelsäule »zurückdreht«, überträgt sie ihrerseits wieder Energie auf das Bein, und so geht es bei jedem Schritt immer weiter.

Serge Gracovetsky schloss daraus, dass der Hauptantrieb für die Fortbewegung nicht in den Beinen lokalisiert sei, sondern im Oberkörper. Die Beine hätten im Wesentlichen die Aufgabe einer Stütze und Feder (sowie eines Stoßdämpfers, wie wir später sehen werden). In perfekter Verbindung mit der Rumpfarbeit erzeuge die Beinarbeit somit einen positiven biomechanischen Kreislauf.

So lautet zumindest Gracovetskys Theorie, die wie so vieles in der Wissenschaft umstritten ist. Aber wenn ich im Folgenden die Bedeutung der Torsion zwischen Schultern und Becken und die Bedeutung der Arme erkläre, werden wir sehen, dass die grundlegende Aufgabe des Oberkörpers bei der Lauftechnik nur schwer zu bestreiten ist. Um Ihnen das an einem kleinen Experiment zu veranschaulichen: Nehmen Sie einmal einen Holzstab, der länger ist als Ihre Schulterbreite, legen Sie ihn auf Ihre Schultern und halten Sie ihn mit beiden Händen fest, während Sie laufen. Diese Haltung blockiert die Rotation der Schultern, und Sie werden sich wundern, wie sehr diese Blockade Sie beim Laufen behindert – vor allem dann, wenn Sie den Mittelfußlauf praktizieren. Falls Sie keinen geeigneten Holzstab zur Hand haben, berühren Sie die Schultern mit den Händen und versuchen Sie, die Schulterlinie möglichst fixiert zu lassen (die linke Hand liegt auf der linken Schulter, die rechte Hand auf der rechten Schulter). So ist das Laufen etwas einfacher als mit dem Holzstab, aber diese Haltung wird Ihnen beim Light Feet Running sehr hinderlich sein. Laufen Sie anschließend normal, indem Sie Ihre Arme schwingen lassen. Der Unterschied ist frappierend.

DIE LAUFTECHNIK VON USAIN BOLT

Usain Bolt ist der schnellste Läufer der Welt. Aktuell hält er die Weltbestzeit über 100 Meter (in 9,58 Sekunden) und 200 Meter (19,19 Sekunden). Dank moderner technologischer Möglichkeiten konnten Wissenschaftler seine Lauftechnik schematisch darstellen. Anhand der Abbildungen unten lässt sich die Abfolge der Körperpositionen bei einem 100 Meter-Lauf entschlüsselt.

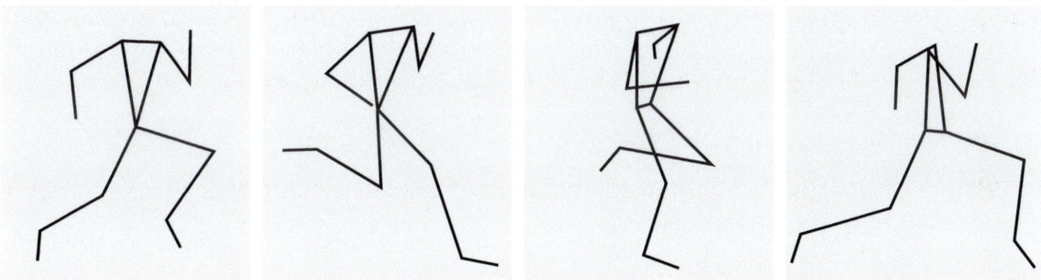

Es ist äußerst interessant, zu verfolgen, wie sich die Position der Beckenlinie im Verhältnis zur Schulterlinie verhält: Becken- und Schulterlinien sind zu keiner Zeit parallel. Seine obere Körperhälfte ist im Verhältnis zur Beckenlinie immer in einem Spannungsfeld. Usain Bolt dreht sein Becken beim Laufen sehr stark auf einer horizontalen Linie. Sein Becken ist absolut nicht fixiert. Es dreht sich ständig gegenläufig zu den Schultern. Die starke Rotation hilft ihm, begleitet von einem kraftvollen Mitschwingen der Arme, seine Schrittlänge zu vergrößern.

Käme seine Kraft vor allem aus den Beinen, ließe sich diese hohe Amplitude in der Bewegung von Oberkörper und vor allem auch dem Becken nur schlecht erklären.

Diese schematische Darstellung zeigt die grundlegende Rolle des Beckens, des Oberkörpers und der Arme beim Laufen, was Gracovetskys Beobachtungen und seine Theorie des spinalen Antriebs untermauert.

Das gleiche Phänomen wird auch beim Dauerlauf beobachtet, hier jedoch mit geringerer Amplitude, da die Schrittlänge kleiner ist.

3. Der Pendelantrieb (oder: Die Wippe)

Neben der Feder und dem spinalen Antrieb verfügt der Läufer noch über einen weiteren wichtigen Mechanismus: die Pendelbewegung seines Beines von hinten nach vorne, wobei die Hüfte die Drehachse bildet.

Aufgrund der Anatomie der Hüfte kann der Läufer fast ohne jede Anstrengung sein Bein nach vorne bringen, sobald sich der Fuß vom Boden abgestoßen hat. Das so geschwungene Bein besitzt seine eigene Trägheit, die es dank einer sehr einfachen Wippbewegung mühelos vor den Läufer bringt. Wenn sich das Bein richtig positioniert, kann der Läufer auch von der Schwerkraft profitieren.

Die gute Ausführung dieser Bewegung ist grundlegend für den Erfolg eines anatomisch korrekten Laufstils. Dies ist die beste Möglichkeit, dem Schritt Weite zu geben, indem er mit der Streckung der Hüfte kombiniert wird.

Da es sich unter physikalischem Gesichtspunkt um eine Pendelbewegung handelt, sollte sich die bewegte Masse möglichst nah an der Rotationsachse befinden. Je höher der Fuß gehoben und dem Gesäß genähert wird, desto wirksamer wird die Pendelbewegung sein. Umgekehrt: Je näher der Fuß am Boden ist, desto weniger wirksam wird die Pendelbewegung sein. Daraus sollte aber nicht zwangsläufig geschlossen werden, dass es energetisch gesehen ökonomischer ist, den Fuß sehr hoch an den Oberschenkel zu heben. Dies hätte nämlich eine muskuläre Anstrengung zur Voraussetzung, durch die der Nutzen der Pendelbewegung neutralisiert würde. Es muss also ein ausgewogenes Verhältnis gefunden werden, das in der Regel dadurch erreicht wird, dass der Fuß des Schwungbeins etwa auf die Höhe des Knies des Standbeins angehoben wird.

Zur (rein mechanischen) Pendelbewegung kann beim Laufen auch eine spezifische Muskelbewegung hinzukommen, nämlich die Mobilisierung der Iliopsoas-Muskulatur. Diese großen Muskeln sind die Hauptbeuger der Hüfte. Ihre Aktivität erlaubt es, das Bein zu heben und damit die vom Knie zurückgelegte Strecke nach vorne zu verlängern. Der M. psoas spielt für die Pendelbewegung die Rolle eines Verstärkers und erlaubt dem Läufer eine größere Schrittlänge. Wie wir noch sehen werden, verbindet sich diese Bewegung mit dem Schwingen der Arme.

4. Die Schwerkraft

Zur Pendelwirkung (Rotation des Beines um die Hüftachse) kommt die Schwerkraft hinzu: Indem sich der Läufer nach vorne beugt, wird er vom Boden förmlich »angezogen«. Dieses Ungleichgewicht ist jedoch nicht einfach zu erreichen – einige Läufer haben dafür mehr Talent als andere, und eine der Erklärungen dafür hängt mit dem Körperbau des Sportlers und seiner Haltung beim Laufen zusammen.

Beim Laufen wird einem häufig geraten, die Sprunggelenke leicht zu beugen (indem die Zehen Richtung Schienbein gezogen werden), um den Körper nach vorne zu beugen und so die Bewegung des Läufers zu erleichtern. Dieser Rat ist allerdings nur sehr schwer umzusetzen, insbesondere dann, wenn der Läufer andere einfache biomechanische Regeln nicht einhält.

Sinnvoll ist diese Empfehlung nur dann, wenn der Bewegungsablauf des Läufers insgesamt korrekt ist.

Sehr oft kommt es auch vor, dass ein Läufer, dem man geraten hat, sich durch eine Beugung der Sprunggelenke leicht nach vorne zu beugen, stattdessen die

Hüften beugt. Diese Beugung der Hüften sollte vermieden werden, da sie die Vorwärtsbewegung des Läufers durch den Impuls der Gesäßmuskulatur, der ischiocruralen Muskulatur und der Psoas-Muskeln stark einschränkt.

Meine Erfahrung hat gezeigt, dass der Läufer, der die Empfehlungen aus diesem Buch anwendet, die richtige Körperneigung im Verhältnis zum Boden einnimmt. Er muss überhaupt nicht daran denken, sich nach vorne zu beugen, sondern wird sich ganz natürlich, also unbewusst und ohne Zwang in ein leichtes Ungleichgewicht nach vorne bringen. Schon allein die Schwungbewegung des Knies nach vorne wird den Läufer nämlich bei richtiger Ausführung in die richtige Position bringen, in der Kopf, Becken und Füße eine gute Linie bilden.

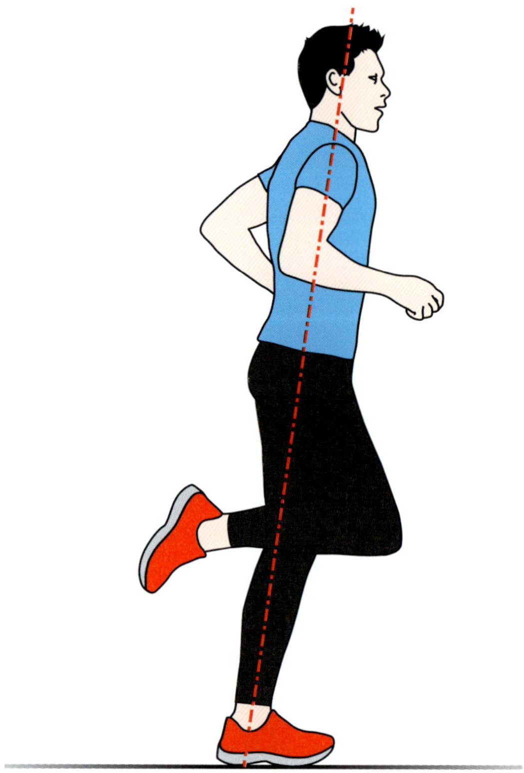

Durch eine gute Biomechanik profitieren Sie also von der Schwerkraft besser, als wenn Sie sich zwingen, sich nach vorne zu beugen.

5. Die Entlastung

Ein letzter Mechanismus, den es zu berücksichtigen gilt, um beim Laufen die anatomischen Merkmale des Menschen bestmöglich nutzen zu können, ist die »Entlastung«. Der Läufer »entlastet sich«, indem er den Arm nach oben schwingt/zieht, sobald der gegenüberliegende Fuß den Boden berührt. Diese vom Arm erzeugte Kraft erlaubt es ihm, sich mit mehr Leichtigkeit am Boden abzustützen und der Stauchkraft entgegenzuwirken. Hierbei handelt es sich um einen äußerst interessanten Aktions-Reaktions-Mechanismus, der unabhängig vom Tempo und Laufstil des Läufers produktiv genutzt werden kann.

STABILER LAUFSTIL MIT GUT AUSGERICHTETEN GELENKEN

Bei jedem Schritt wird der Läufer mit dem Zwei- bis Dreifachen seines Körpergewichts belastet. Es ist daher sowohl zur Vermeidung von Verletzungen als auch für die Laufleistung sehr wichtig, bei jedem Schritt einen sehr stabilen Laufstil mit einer guten vertikalen Ausrichtung der Gelenke einzuhalten. Ist die Körperachse schlecht ausgerichtet, entstehen Spannungen in den Gelenken (Sprunggelenk, Becken, Knie), die kurz-, mittel- oder langfristig Ursache für Verletzungen werden können. Viele dieser Verletzungen treten nach einer langen Anstrengung auf, wenn der Körper müde ist, sich die Haltung des Läufers verschlechtert und der Läufer seine Stabilität beim Aufkommen auf dem Boden und die Ausrichtung von Muskeln und Gelenken verliert.

Falls Sie Probleme mit der Stabilität und der Ausrichtung haben, befolgen Sie diese beiden Regeln:

- Behalten Sie eine recht hohe Schrittfrequenz bei (auch bei einem langsamen Tempo). Diese hohe Schrittfrequenz garantiert nicht nur eine stärkere Produktion von elastischer Energie, sondern hat auch noch einen weiteren positiven Effekt. Ich habe nämlich beobachtet, dass unterhalb einer gewissen Schrittzahl (ca. 165 Schritte pro Minute oder weniger) die meisten Läufer dazu neigen, ihr Laufgleichgewicht zu verlieren. Durch eine höhere Schrittzahl kann ein dynamischerer Laufstil beibehalten werden, störende Schwingungen des Körpers werden eingeschränkt; der Körper bleibt stabiler und besser auf das jeweilige Standbein ausgerichtet.
- Denken Sie daran, die Schulter- und Beckenlinie möglichst horizontal zu halten. Wenn das Becken des Läufers sich bei jedem Schritt zu sehr nach einer Seite senkt, wird die Ausrichtung von Muskeln und Gelenken unterbrochen. Es ist normal, dass sich das Becken bei jedem Schritt leicht zur Seite des Standbeins senkt, aber diese Senkung muss gering bleiben (in der Größenordnung von fünf Grad im Verhältnis zur Waagerechten). Das Gleiche gilt für die Schultern. Um dies zu erreichen, sollte man die Ausgleichsbewegung der Arme und der Gesäßmuskeln nutzen (mit dem Nebeneffekt der Muskelkräftigung), denn sie sind die »Wächter« der Beckenstabilität.

KAPITEL 3

DIE SECHS SCHLÜSSELELEMENTE DER MITTELFUSSLAUFTECHNIK

Nachdem wir uns die biomechanischen Grundlagen angesehen haben, die uns beim Light Feet Running unterstützen, möchte ich jetzt die Schlüsselelemente der Mittelfußlauftechnik analysieren.

1. Gerade Haltung

Es kann kein Zufall sein, dass alle guten Läufer mit geradem Oberkörper laufen, niemals mit gekrümmtem Rücken. Aus biomechanischer Sicht erlaubt diese Haltung, die Arbeit der Gesäßmuskulatur und die Torsion des Oberkörpers zu optimieren. Zudem ist sie energiesparend.

- **Die Arbeit der Gesäß- und der Psoasmuskulatur.** Viele Menschen verbringen die meiste Zeit des Tages sitzend (am Schreibtisch, in Verkehrsmitteln etc.). So gewöhnt sich der Körper daran, dass die Hüften ständig gebeugt sind, wodurch der M. psoas und das iliofemorale Band im Becken beträchtlich verkürzt werden. Der Läufer muss daher darauf achten, sein Becken sehr geschmeidig zu erhalten, um sich beim Laufen gerade halten und seine Hüfte öffnen zu können (Streckung nach hinten).

Wenn Sie mit nach vorne geneigtem Oberkörper laufen, ist es anatomisch sehr viel schwieriger, die Kraft der Gesäßmuskulatur zielgerichtet und optimal für das Laufen zu nutzen. Bei der Iliopsoas-Muskulatur ist das Phänomen vergleichbar. Anatomisch gesehen wird die Arbeit dieser Muskeln sehr viel weniger wirksam, wenn mit geneigtem Oberkörper gelaufen wird.

- **Die Nutzung der Torsionsmechanismen von Becken und Oberkörper**. Wie bei den Gesäßmuskeln werden auch alle Torsionsmechanismen des Oberkörpers (Becken und Schultern) stark eingeschränkt, wenn mit nach vorne geneigtem Oberkörper gelaufen wird. Die Verbindung mit dem unteren Teil des Körpers wird eingeschränkt, ebenso die Amplitude der Hüftstreckung. Richten Sie sich also auf, um maximal von der Kraftübertragung zu profitieren, die vom Oberkörper in Richtung der Beine erzeugt wird, und es dem Becken zu ermöglichen, sich mit einer größeren Amplitude zu bewegen.
- **Das horizontale Nach-vorne-Kommen des Fußes wird erleichtert, der Laufstil ist effizienter**. Durch einen geraden Oberkörper ist der Läufer in einer besseren Position für diese horizontale Translation des Fußes nach vorne. Beim Laufen mit nach vorne geneigtem Oberkörper geht der Fuß von sich aus nach unten, wie die Abbildung auf der rechten Seite zeigt.

  - Links hält sich der Läufer gerade, die Projektion der Kräfte erfolgt horizontal.
  - Rechts hat er den Oberkörper nach vorne geneigt. Er ist stärker der Wirkung der vertikalen Kräfte ausgesetzt (das Standbein drückt nach oben, das Schwungbein geht eher in Richtung Boden). Der Läufer muss ein Übermaß an vertikalen Schwingungen vermeiden, da diese besonders viel Energie verbrauchen.

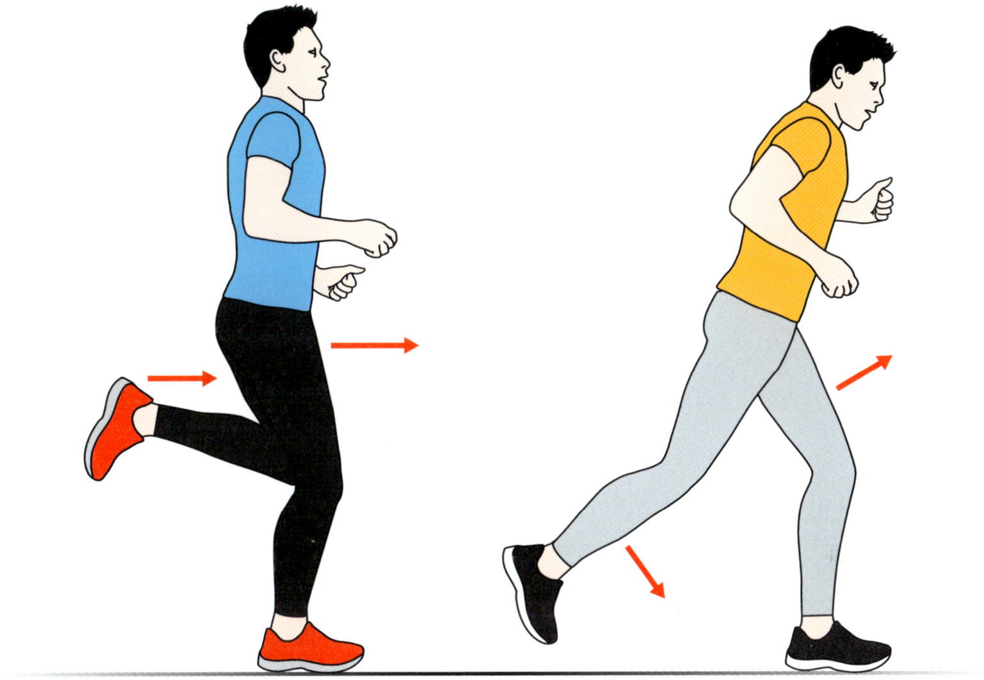

Nach den Gesetzen der Physik liegt es absolut im Interesse des Läufers, seine Kräfte maximal in die gewünschte Richtung zu lenken (d.h. in gerader Linie nach vorne). Aber eine gute Stellung der Wirbelsäule beim Laufen ist von entscheidender Bedeutung.

Das Laufen mit zu stark gekrümmtem Rücken kann Schmerzen im unteren Rücken erzeugen und den Körperschwerpunkt des Läufers zu sehr nach hinten verlagern. Dadurch verliert er an Effizienz und Leistung beim Laufen.

Wenn Sie dazu neigen, mit nach hinten gezogenen Schultern und durchgestrecktem Rücken zu laufen, korrigieren Sie die Position Ihrer Wirbelsäule, indem

Sie den Abstand zwischen Brustbein und Nabel leicht verkürzen. In der Regel reicht es hierfür, die Schultern etwas weiter nach vorne zu bringen. Erwünscht ist weder eine Position mit gekrümmtem Rücken noch eine übergroße Streckung nach hinten, sondern eine gerade Haltung. Wenn es Ihnen schwer fällt, die richtige Position zu finden, bitten Sie einen Freund, Ihnen im festen Stand kräftig auf die Schultern zu drücken. Wenn Ihre Schultern zu weit vorne oder zu weit hinten sind, werden Sie den Druck schlecht aushalten. Halten Sie sich hingegen gerade, werden Sie den Druck besser ertragen. Genau in dieser Ausrichtung soll sich Ihre Wirbelsäule beim Laufen befinden, denn in dieser Haltung sind die Bodenkontakte am besten und das Auftreffen auf dem Boden erfolgt mit geringstmöglicher Belastung.

Wenn Sie mit durchgestrecktem Rücken laufen, nutzen Sie in der Phase der Vorwärtsbewegung die Muskeln im unteren Rücken stärker als die Gesäßmuskulatur. Dies sollte vermieden werden, da diese Muskeln für eine lange Anstrengung nicht gut geeignet sind, was sich im Rücken schnell mit Schmerzen bemerkbar machen kann. Wenn Sie solche Schmerzen empfinden, gehen Sie sicher, dass nicht Ihr Rücken bei der Vorwärtsbewegung aktiv ist, sondern die Muskulatur auf der Rückseite Ihrer Oberschenkel (ischiocrurale Muskulatur) und die Gesäßmuskulatur. Bemühen Sie sich, den unteren Rücken nicht anzuspannen, sondern ihn entspannt beweglich zu halten.

2. Aktives Einbeziehen des Oberkörpers

Bei der Lauftechnik geht es nicht nur um die Beine. Auch der Oberkörper spielt eine aktive Rolle. Um den spinalen Antrieb bestmöglich zu nutzen, muss der Läufer gleichzeitig Becken und Schultern mobilisieren. Becken und Schultern vollziehen eine gegenläufige horizontale Rotation, was eine Torsion der Wirbelsäule erzeugt. Wenn die rechte Schulter nach vorne kommt, kommt auch das linke Becken nach vorne. Dies gilt auch umgekehrt: Mit der linken Schulter kommt das rechte Becken nach vorne. Diese gegenläufige Rotation erfolgt beim Laufen ganz natürlich, viele Läufer führen diese Bewegung jedoch völlig passiv aus.

Beim Mittelfußlauf wird der Oberkörper besonders stark beteiligt. Die Beine werden vor allem beim Abstoß genutzt. Der Läufer arbeitet nicht oder nur sehr wenig mit der Quadrizeps-Muskulatur, um sein Bein nach vorne zu bringen (im Gegensatz zum Geh-Läufer). Das Bein wird eher geschwungen als gezogen. Diese Schwingbewegung wird deutlich erleichtert, wenn der Läufer seinen Rumpf aktiv einsetzt. Die Torsion des Oberkörpers erzeugt eine Translationsbewegung des Läufers nach vorne. Dabei geht es nicht darum, diese Torsion zu übertreiben und sich völlig zu verdrehen. Das wäre kontraproduktiv und würde unnötige Spannungen in den Gelenken verursachen (insbesondere in den Kniegelenken).

Die so vom Oberkörper erzeugten Kräfte helfen dem Läufer, sein Bein nach vorne zu bringen und seine Hüfte nach hinten zu öffnen. Das Becken muss beweglich sein. Es muss sich während einer bestimmten Laufphase nach oben und unten bewegen können und nicht völlig horizontal bleiben.

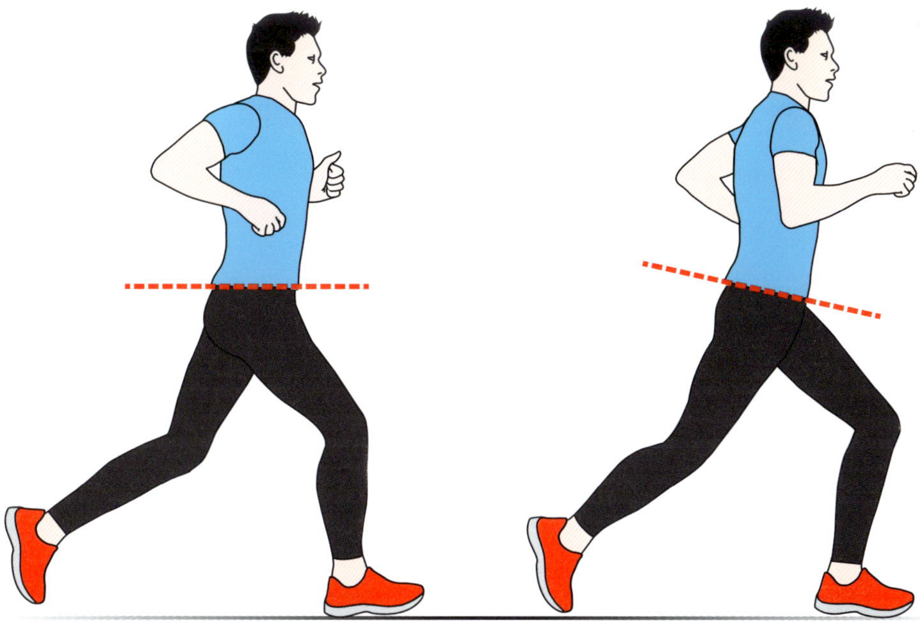

Eine technische Schwierigkeit beim Laufen besteht darin, das Bein zu schwingen, während der Oberkörper keine feste Stütze hat. Wenn der Läufer mit schlenkernden Armen läuft, sodass sich die Schultern völlig problemlos in der Horizontalen bewegen können, wird die Torsion des Oberkörpers nicht optimal sein. Dies gilt auch, wenn die Hände des Läufers die Mittellinie kreuzen (linke Hand vor der rechten Körperseite, rechte Hand vor der linken Körperseite); denn die Rotation des Oberkörpers wird zu groß sein, sodass der Läufer an Stabilität verliert.

Aber der Läufer besitzt ein hervorragendes »Werkzeug«, um diese fehlende Stütze auszugleichen: seine Arme. Durch den Einsatz seiner Arme begrenzt der Läufer die Rotation der Schultern. So kann er für eine stärkere Rotation des Oberkörpers sorgen. Dank seiner Arme erzeugt er mehr Kraft in seinen Schritten. Es ist also sehr wichtig, dass der Läufer seine Arme aktiv schwingt, um für ein besseres Gleichgewicht zu sorgen, und zugleich seinen Oberkörper bei jedem Schritt einzusetzen. Dies wird von vielen Läufern unterschätzt.

Es ist natürlich alles eine Frage des rechten Maßes, und der Läufer muss das Mitschwingen seiner Arme seinem Laufstil anpassen: leichtes Mitschwingen bei langsamem Tempo und stärkeres Mitschwingen bei hohem Tempo. Um dies gut zu verstehen, beobachten Sie einmal, wie die Sprinter ihre Arme mit fixierten Schultern seitlich am Körper entlang schwingen.

Die Arme spielen beim Light Feet Running unabhängig vom Lauftempo eine grundlegende Rolle. Daher empfehle ich, die Arme immer aktiv einzusetzen, auch in einem langsamen Tempo. Dies gilt besonders während der Lernphase des Mittelfußlaufs. Sobald der Läufer seinen Oberkörper bei jedem Schritt im Mittelfußlauf gut zu mobilisieren versteht, muss er sich nicht mehr so stark auf die Arme konzentrieren.

3. Eine typische Bewegungsbahn (Stichwort: Schnabelschuh)

Der Mittelfußlauf hat eine typische Bewegungsbahn. Diese vom Fuß beschriebene Bahn muss beim gesamten Zyklus eines Laufschritts global gesehen werden. Es reicht nicht, sich auf einen Abschnitt dieser vom Fuß beschriebenen Bahn zu konzentrieren (beispielsweise genau auf den Moment, in dem sich der Fuß am Boden abstützt). Die gesamte Bewegungsbahn muss berücksichtigt werden.

Diese typische Bewegungsbahn unterscheidet sich sehr stark von der des Geh-Läufers, wie man auf den folgenden Abbildungen sehen kann.

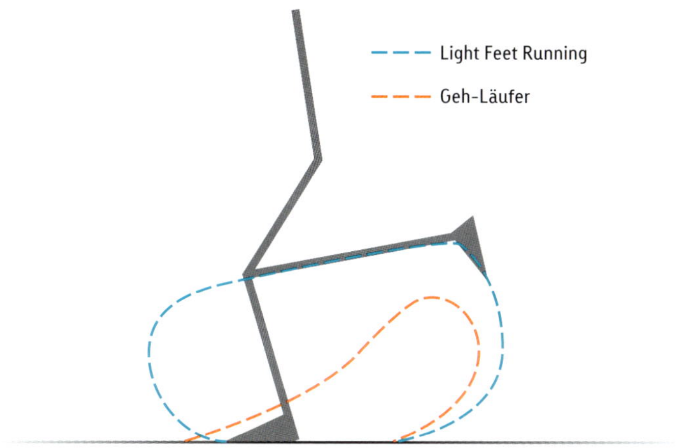

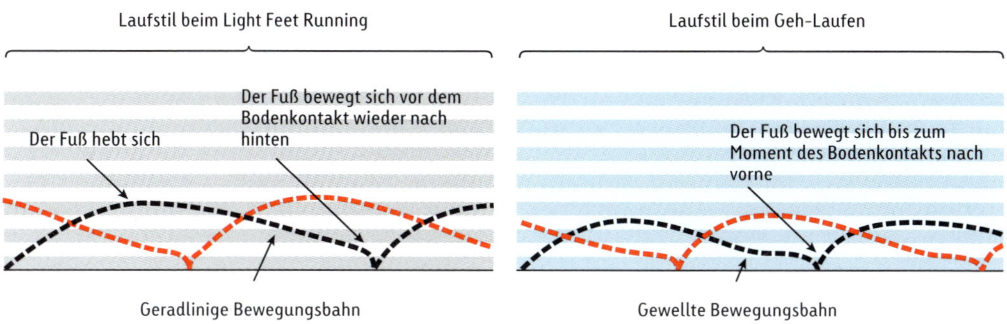

Die beiden Abbildungen auf der vorangegangenen Seite ganz unten stellen zwei Läufer dar, die sich von links nach rechts fortbewegen, einer im Mittelfußlauf, der andere im Laufstil des Geh-Läufers. Die Bewegungsbahn des rechten Fußes ist schwarz dargestellt, die des linken Fußes rot. Beim Mittelfußlauf steigen die Kurven höher an als beim Geh-Läufer), was einem höheren Anheben des Fußes entspricht. Zudem bewegt sich dabei der Fuß vor dem Bodenkontakt nach hinten, während er beim Geh-Läufer in entgegengesetzter Laufrichtung auf dem Boden auftrifft (Bremswirkung).

EINE KATEGORIE FÜR SICH

Wenn man von der Bewegungsbahn spricht, argumentiert man gerne mit den Kategorien »Lauftechnik mit Vorwärtszyklus« oder »Lauftechnik mit Rückwärtszyklus«. Diese Kategorien entsprechen der Typologie des französischen Sporttrainers Jacques Piasenta, der den Laufstil des Langstreckenläufers (Rückwärtszyklus) dem des Sprinters (Vorwärtszyklus) gegenüberstellt. Etwas vereinfachend ausgedrückt hebt der Läufer im Rückwärtszyklus den Fuß hinter dem Körper höher an, während er im Vorwärtszyklus den Oberschenkel vor dem Körper höher anhebt. Letzterer ist vor allem dadurch gekennzeichnet, dass sich das Knie hebt, wenn der Fuß wieder nach vorne kommt. Auf das Light Feet Running lässt sich beides nicht exakt übertragen: Auch wenn der Mittelfußläufer ein Knie stärker beugt als der Geh-Läufer, hebt er das Knie nicht nach oben. Er lässt lediglich seinen Oberschenkel dank des Pendeleffekts nach vorne kommen. Um den Oberschenkel zu heben, muss er keine besondere Muskelanstrengung aufbringen; diese beschränkt sich auf die Beanspruchung der ischiocruralen Muskeln, um den Kniewinkel zu schließen. Dabei kann eine Anstrengung in Form der Kniehebung erfolgen, aber nur bei einem wirklich hohen Lauftempo.

4. Das Beugen der Knie

Beim Mittelfußlauf ist das Beugen der Knie besonders wichtig. Zuerst wird das Standbein leicht gebeugt, und zwar direkt bevor der Fuß den Boden berührt, denn in diesem Moment darf das Standbein nicht gestreckt sein.

Das Knie des Schwungbeins wird ebenfalls gebeugt, und zwar stärker als beim Laufstil des Geh-Läufers. Energetisch betrachtet verbraucht man beim Beugen des Knies weniger Energie als beim Heben desselben. Die Masse, die gehoben werden muss, um das Knie zu beugen (in diesem Fall Fuß und Wade), wiegt weniger als die Masse, die gehoben werden muss, um das Knie zu heben (hier kommt zum Gewicht von Fuß und Wade noch das des Oberschenkels hinzu).

Der zweite Vorteil dieser Bewegung ist, dass sie den Fuß in Hüftnähe platziert.

Die Energie, die zur Bewegung einer Masse um eine Achse aufgewendet werden muss, ist geringer, wenn sich diese Masse nah an der Achse befindet (in diesem Fall näher an der Hüfte).

Je weiter der Fuß von der Hüfte entfernt ist, desto mehr Energie verbraucht die Bewegung. Man könnte einwenden, dass sich der Fuß, wenn er weit vom Oberschenkel entfernt ist, schneller bewegt und daher eine stärkere Bewegungsenergie hat. Das stimmt auch, aber das Problem ist, dass diese Bewegung dazu führt, dass der Fuß in einem Kreisbogen nach vorne bewegt wird (ungefähr so wie bei einem Fußballer, der den Ball schießt – siehe dazu auch die Abbildung auf der nächsten Seite).

Der Läufer wird den Boden also höchstwahrscheinlich mit der Ferse berühren, vor seinem Körperschwerpunkt und mit gestrecktem Bein.

Genau das versucht man zu verhindern, indem man versucht, das Gewicht des Läufers in dem Moment des Bodenkontakts abzufangen, in dem der Fuß bei gebeugtem Bein und mit dem Mittelfuß aufsetzt.

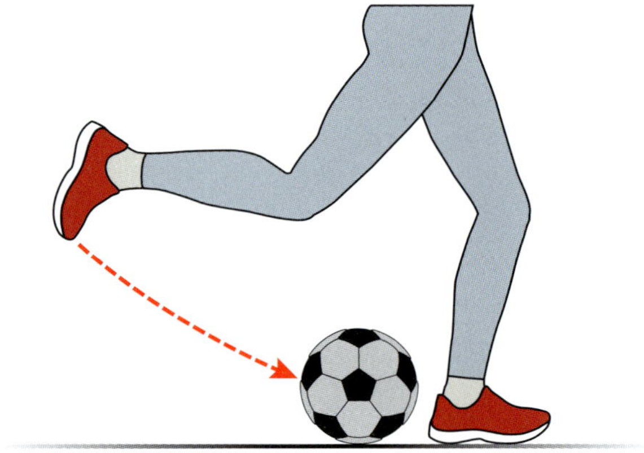

5. Das Aufsetzen des Fußes auf dem Vorfuß statt auf der Ferse

Behalten Sie folgenden Satz im Gedächtnis: »Gelaufen wird mit den Füßen!« Das Aufsetzen des Fußes soll sich ganz natürlich aus der Bewegungsbahn des Fußes in der Luft ergeben, ohne irgendetwas erzwingen zu wollen. Läufer, die sich ausschließlich im Moment des Bodenkontakts auf die Platzierung ihres Fußes konzentrieren, laufen Gefahr, sich viele biomechanische Vorteile des Light Feet Runnings entgehen zu lassen. Dies führt in der Regel dazu, das Unvereinbare vereinbaren zu wollen: mit dem Fuß in der Luft einen Kreisbogen zu beschreiben, ohne die Ferse zuerst auf den Boden zu setzen. Dies ist technisch durchaus möglich, beraubt den Läufer jedoch der Vorteile eines echten Mittelfußlaufs. Beim Aufsetzen des Fußes sind drei Aspekte wichtig:

- Wo setzt der Fuß im Verhältnis zum Körperschwerpunkt auf,
- in welchem Winkel zum Boden setzt der Fuß auf,
- und welcher Bereich des Fußes setzt auf?

Der Punkt, an dem der Fuß am Boden aufsetzt

Ab einem bestimmten Tempo neigt die große Mehrheit der Amateurläufer dazu, den Fuß mit der Ferse zuerst recht weit vor dem Körper aufzusetzen, also recht weit vom Körperschwerpunkt entfernt. Einige setzen den Fuß sogar hinter dem Knielot auf (auf Englisch nennt man das *overstriding*). Viele Fachleute sind sich darin einig, dass ein Bodenkontakt deutlich vor dem Körperschwerpunkt (und meist auch noch mit gestrecktem Bein) einer der wichtigen verstärkenden Faktoren für die Verletzungsanfälligkeit beim Laufen ist.

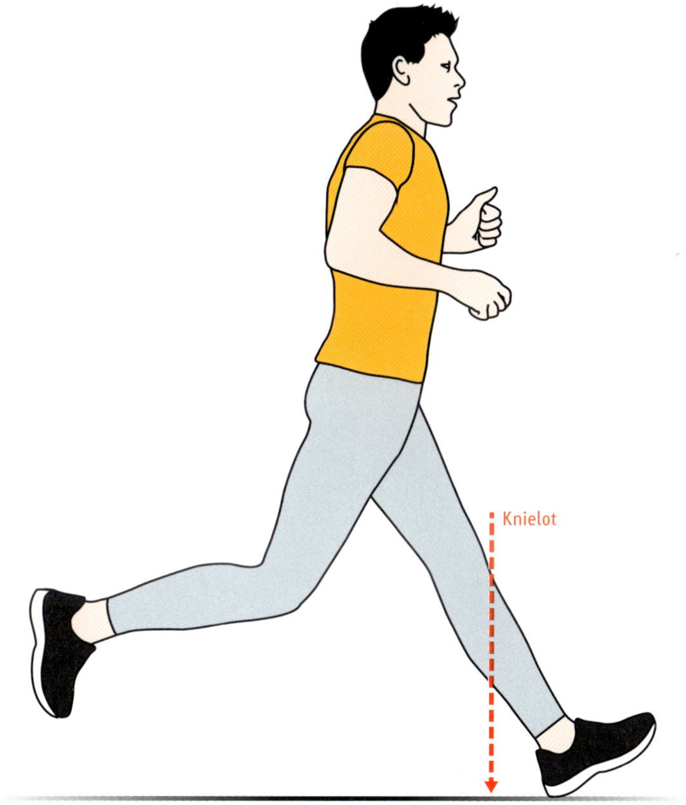

Die Hersteller von Laufschuhen haben das Problem bereits vor vielen Jahren erkannt. Deshalb enthalten die meisten Laufschuhe ein mehr oder weniger ausgeklügeltes Stoßdämpfungssystem unter der Ferse und ein Antitorsionssystem in der Sohle. Diese Systeme sollen die schädlichen Wirkungen eines Laufstils ausgleichen, bei dem die Ferse zuerst aufsetzt.

Wie zuvor bereits ausgeführt, ist es für einen Erwachsenen völlig natürlich, mit der Ferse zuerst auf dem Boden aufzusetzen, da dies der Fortbewegung beim Gehen entspricht und wir vor allem Geher sind. Beim Gehen ergeben sich daraus auch keine besonderen Probleme, aber beim Laufen hat das Aufsetzen mit der Ferse bei gestrecktem Bein Nachteile, die die Leistungssteigerung des Läufers beeinträchtigen kann.

- In dieser Position »bremst sich« der Läufer auf seiner Ferse aus (er wird langsamer).
- Die Ferse prallt auf den Boden: Diese Erschütterung breitet sich im Bein und im ganzen Körper der Läufers aus, wobei als einziger Stoßdämpfer der Schuh fungiert.
- Je weiter die Ferse vor dem Körperschwerpunkt auf den Boden auftrifft, desto problematischer ist dies für das Gleichgewicht des Läufers; es kann also erhebliche Folgen für seine Gelenke und Muskeln haben.
- Zuerst mit der Ferse auf den Boden aufzusetzen bringt häufig ein aktives Anheben des Vorfußes mit sich, was durch eine Kontraktion der Muskeln vorne am Schienbein erfolgt. Diese Kontraktion kann die Ursache für Verletzungen werden, da sie der Bewegung des Fußes entgegenwirkt, der auf den Boden auftrifft: Die Muskeln heben den Vorfuß, während die Laufbewegung ihn eher auf den Boden drückt. So besteht die Gefahr, dass diese Muskeln unnötig ermüden oder sogar eine Verletzung erleiden (Periostitis der Tibia/Knochenhautentzündung des Schienbeins).
- Die Nutzung der elastischen Aktions-/Reaktionsmechanismen in der Fußsohle und auf der Wadenrückseite ist viel komplizierter, um nicht zu sagen so gut wie unmöglich. Damit die Bänder und Sehnen in der Fußsohle wie auf der Wadenrückseite unter Spannung kommen, soll sich der Fuß nicht auf der Ferse abstützen. Rollt sich der Fuß von hinten nach vorne ab, wird der elastische Effekt abgeschwächt, statt verstärkt zu werden. Schlimmer noch: Wenn der Läufer vergisst, den Fuß abzurollen, und sich nur auf der Ferse abstützt, ist der elastische Effekt praktisch gleich null. Versuchen Sie mal, auf den Fersen Seil zu hüpfen: Sie werden einfach nicht hochspringen können!

• Damit der Läufer die Schwerkraft nutzen kann (indem er sich nach vorne fallen lässt), muss sein Körperschwerpunkt über den Stützpunkt (seinen Fuß) am Boden kommen. Sein Körperschwerpunkt befindet sich in der Beckenmitte, etwa in der Mitte eines Segments, das vom Schritt zum Bauchnabel reicht. Je weiter der Punkt des Bodenkontakts vom Lot des Körperschwerpunkts entfernt ist, desto weniger kann der Läufer die Schwerkraft nutzen. Ebenso wenig kann es im Interesse des Läufers sein, den Fuß genau im Lot seines Körperschwerpunktes aufzusetzen (oder sogar dahinter, was theoretisch nur möglich ist, wenn er ständig beschleunigt), denn dies würde die Produktion elastischer Energie in seinen unteren Extremitäten einschränken.

Um den besten Kompromiss zu erreichen, muss der Läufer seinen Fuß wenige Zentimeter vor seinem Becken aufsetzen (siehe Abbildung unten). Genau das beobachtet man übrigens auch bei den besten Mittelfußläufern.

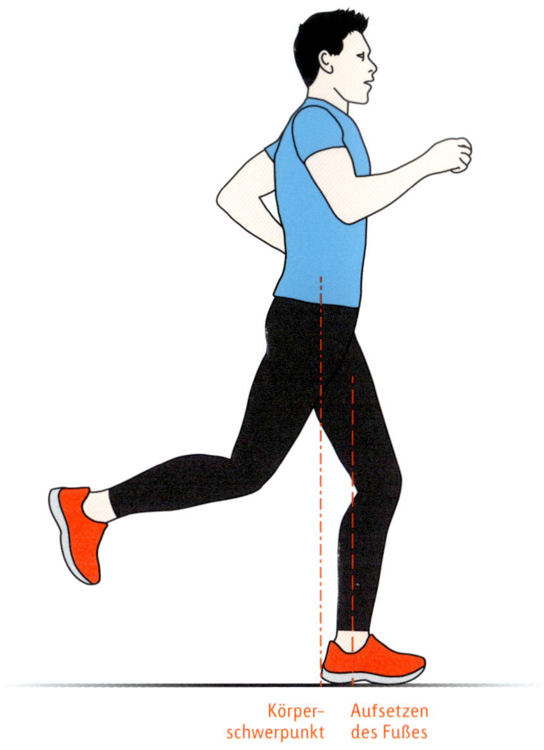

Der Läufer, den wir auf der vorherigen Seite gesehen haben, setzt den Fuß nah am Körperschwerpunkt auf. Der Punkt des Bodenkontakts liegt im Knielot. Auf diese Weise kann das Bein den Stoß gut abdämpfen und der Läufer gerät sofort in ein Ungleichgewicht, das ihn nach vorne kippen lässt, sodass er die Schwerkraft gut nutzen kann.

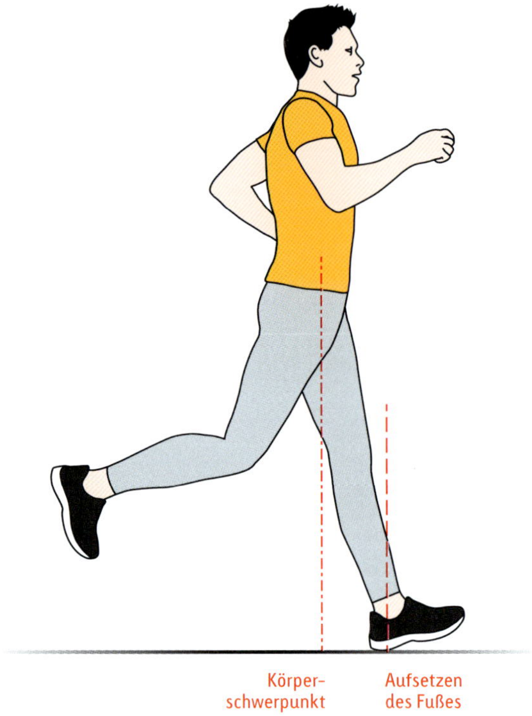

Dieser Läufer setzt den Fuß weit vor seinem Körperschwerpunkt auf. In der Regel liegt der Punkt des Bodenkontakts hier nicht im Knielot, sondern weiter vorne; in diesem Fall ist die Dämpfwirkung des Beines sehr gering.

FOKUSSIEREN SIE SICH NICHT ZU SEHR (UND NICHT ALLEIN) AUF DIE FERSE

Studien auf der Grundlage von Wettkampfvideos (Marathon und 10 km) haben ergeben, dass ein sehr großer Anteil professioneller Läufer manchmal oder sogar immer den Boden zuerst mit der Ferse berührt. Dennoch sind ihre Leistungen ausgezeichnet, und sie unterliegen auch nicht zwangsläufig wiederholten Verletzungen. Wenn der erste Bodenkontakt mit der Ferse erfolgt, das Bein dabei jedoch gebeugt ist und der Kontaktpunkt nahe am Körperschwerpunkt liegt, bleibt dies überwiegend ein Mittelfußlauf. Das Aufsetzen der Ferse hat in diesem Fall nicht unbedingt negative Folgen für die Leistungen und die Gesundheit des Läufers. Ausschlaggebend ist die allgemeine Haltung des Läufers in dem Moment, in dem er den Boden berührt und Bodenkontakt hat.
Der Läufer soll versuchen, den Boden mit leicht gebeugtem Bein zu berühren, den Oberkörper dabei gerade halten und vor allem den Fuß nah am Körperschwerpunkt aufsetzen. Das Bein soll auch nicht zu stark gebeugt sein, denn dies könnte das Kniegelenk zu sehr beanspruchen und eventuell zur Folge haben, dass der Läufer quasi »sitzend« läuft. Eine gute Orientierung ist es, darauf zu achten, dass das Schienbein bis zum Aufkommen des Fußes beinahe in der Vertikalen bleibt (wie in Abbildung Seite 69).

Der Winkel, in dem der Fuß auf den Boden aufsetzt

Für eine gute Kraftübertragung von vorne nach hinten und um unnötige Stöße zu vermeiden ist es wichtig, dass der Fuß nahezu horizontal aufsetzt. Es ist also zu vermeiden, den Fuß in einem größeren Winkel zum Boden aufzusetzen, wie es viele Läufer machen, die den Laufstil des Geh-Läufers praktizieren (siehe die Abbildung auf der nächsten Seite).

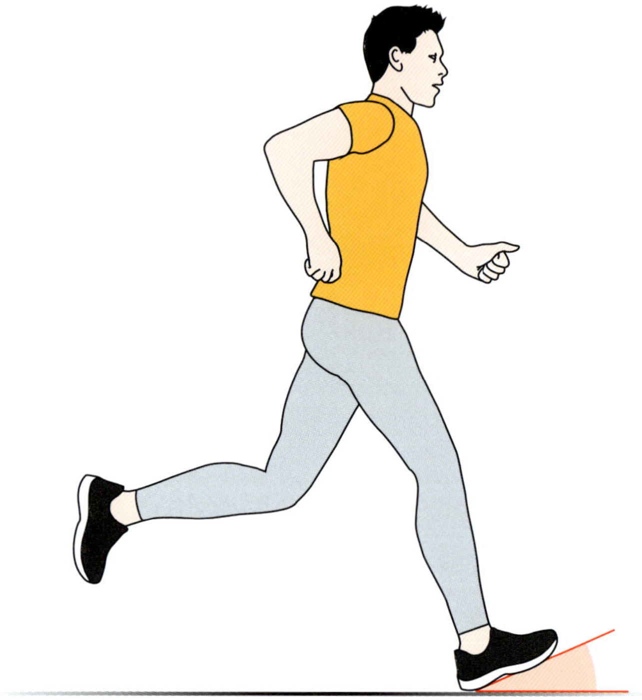

Ich empfehle darauf zu achten, dass der Fuß nicht mit dem Boden »kollidiert«, sondern ganz allmählich auf dem Boden aufsetzt. Um sanft landen zu können, muss ein Flugzeug in einen Sinkflug mit einem kleinen Winkel zum Boden gehen. Je näher es dem Boden kommt, desto mehr wird der Pilot es wieder hochziehen, um es praktisch horizontal aufsetzen zu lassen. Dadurch wird die Stoßwelle beträchtlich reduziert!

Genauso ist es beim Laufen. Wenn man die Stoßkraft beim Auftreffen reduzieren will, darf der Fuß nicht mit dem Boden kollidieren, sondern muss im Gegenteil in einer Bewegungsbahn von vorne nach hinten praktisch parallel zum Boden aufsetzen. Anfänger müssen dabei allerdings aufpassen, den Stoß nicht zu stark zu dämpfen, da sonst viel Effizienz verloren geht und die Absprungkraft zunichte gemacht wird.

In der Lernphase ist es meiner Ansicht nach vorzuziehen, den Fuß fast flach aufzusetzen (ohne an der Spitze oder an der Ferse zu beginnen). Ich sehe darin mehrere Vorteile: Der Halt am Boden wird über die gesamte Fußfläche verteilt – kein Teil des Fußes wird stärker beansprucht als ein anderer, und der gesamte Fuß nimmt den Stoß auf (daher kommt es zu einer besseren Kräfteverteilung). Das ist ganz einfach: Stellen Sie sich vor, Sie halten den Henkel einer schweren Tasche nur mit einem Finger, so wird der Schmerz stärker sein, als wenn Sie den Henkel mit vier Fingern halten. Genauso ist es beim Aufsetzen des Fußes. Die größere Kontaktfläche reduziert die Empfindlichkeit in Zusammenhang mit der Aufprallkraft.

Der Bereich des Fußes, der mit dem Boden Kontakt hat

Wenn Sie sich Ihre Fußsohle ansehen, werden Sie feststellen, dass sich die breiteste Stelle im Vorfuß befindet. Genau dies ist unter biomechanischem Gesichtspunkt der interessanteste Teil, um von der natürlichen Stoßdämpfung im unteren Beinbereich, der elastischen Energie, die in Wade und Fuß gespeichert wird, und auch von den elastischen Eigenschaften des Fußes zu profitieren. Diese Zone kann als Mittelfuß bezeichnet werden (siehe Abbildung unten). Einige Autoren bezeichnen sie auch als »Vorfuß« (soweit der Fuß in zwei Zonen unterteilt wird: Vorfuß und Ferse).

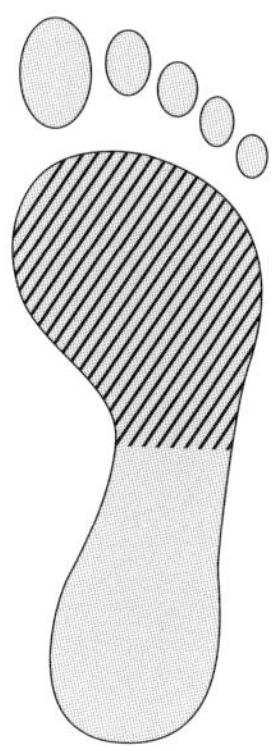

Im Alltag spricht man meist eher von Fußspitze und Ferse. Das könnte den Läufer irreführen. Auf dem Vorfuß zu laufen bedeutet nämlich nicht, auf der Fußspitze zu laufen, daher ziehe ich den Ausdruck Mittelfuß vor (auch wenn streng anatomisch gesehen der Läufer, wenn er barfuß ist, den Fuß nicht genau in der Mitte des Fußes aufsetzen kann, da diese Zone wegen der Fußwölbung im Verhältnis zur Fußspitze und zur Ferse erhöht ist). Wegen der biomechanischen Vorteile, die durch das Abstützen auf dieser besonderen Zone resultieren, könnte man auch von der *power zone* sprechen.

Geh-Läufern wird geraten, die Ferse zuerst aufzusetzen und dann den Fuß gut abzurollen, um die Bewegung auf dem Vorfuß zu beenden. Beim Light Feet Running ist es umgekehrt: Hier wird man versuchen, den Fuß auf der power zone aufzusetzen und erst anschließend auf der Ferse, um sich schließlich besser vom Vorfuß abfedern zu können. In der Praxis bedeutet dies, dass sich der Mittelfußläufer bemühen sollte, mehr Gewicht auf den Vorfuß als auf die Ferse zu legen (denn es ist in der Geschwindigkeit dieses Vorgangs sowie je nach Schuhmodell manchmal schwer abzuschätzen, ob der Vorfuß vor oder nach der Ferse Bodenkontakt hat).

Nur auf der power zone zu laufen, ohne Fersenkontakt, ist allerdings extrem belastend für den Läufer und kann sogar kontraproduktiv sein, da die Sehnen in der Fußsohle sowie hinten am Sprunggelenk nicht unter Spannung kommen.

Je besser der Läufer mit dem Mittelfußlauf und seiner charakteristischen Bewegungsbahn zurechtkommt, desto mehr kann er versuchen, den Bodenkontakt mit der power zone zu beginnen.

Überstürzen Sie jedoch nichts. Achten Sie auf das, was Sie spüren. Wenn Sie die Mittelfußlauftechnik übernehmen wollen und mit langsamer oder mittlerer Geschwindigkeit laufen, können Sie für den Anfang den ganzen Fuß aufsetzen.

Je nachdem, welche Fortschritte Sie machen, wie Sie Ihr Tempo steigern und sich damit wohl fühlen, können Sie sich dann mehr und mehr auf die power zone konzentrieren.

Immer wieder erstaunt es mich, wie schwierig eine Analyse der Empfindungen ist, die man spürt, wenn man sich darauf konzentriert, mit welchem Bereich der Fuß den Boden berührt. Dies erklärt sich durch die Tatsache, dass wir es nicht mehr gewöhnt sind, darauf zu achten – und vielleicht auch, weil wir Schuhe tragen, die den Fuß zu sehr schützen. Dabei ist es sehr wichtig, das Auftreffen auf dem Boden gut zu spüren. Denn nur so weiß man, ob der erste Kontakt mit dem Vorfuß, der Ferse oder seitlich mit dem Fuß erfolgt. Mit zunehmender Übung wird der Läufer immer mehr Sensibilität in der Fußsohle entwickeln und ein genaues Feedback über das Aufsetzen seines Fußes am Boden erhalten. In diesem Zusammenhang ist es hilfreich, wenn der Läufer Schuhe mit relativ dünnen und elastischen Sohlen verwendet. Denn ein zu wenig biegsamer Schuh mit zu starker Stoßdämpfung unterdrückt diese Empfindungen.

Man kann seine Sensibilität auch entwickeln, indem man einfach barfuß auf einem dafür geeigneten Untergrund läuft, der den Fuß nicht verletzt (beispielsweise auf einem Rasen).

ZUSAMMENFASSUNG

Beim Mittelfußlauf besteht die **Idealbewegung** darin, zuerst auf dem Mittelfuß aufzusetzen, dann die Ferse auf den Boden zu bringen, um die Fußsohle und die Muskel- und Sehnenkette der Beinrückseite anzuspannen, wodurch sich die Wade entspannen kann. So wird eine maximale elastische Energie erzielt.

Man muss aber nicht versuchen, den Bodenkontakt der Ferse ganz zu vermeiden. Das kann zwar der Fall sein, wenn man (beim Sprint) sehr schnell läuft, bringt aber über lange Strecken nichts.

6. Eine relativ hohe Schrittfrequenz

Wie wir gesehen haben, verhält sich der Körper eines Läufers aufgrund seiner Muskeln und Sehnen wie eine Feder, die Energie aufnehmen und abgeben kann. Diese elastische Energie ist beim Mittelfußlauf größer, denn das Aufkommen auf dem Vorfuß ist genau das, was den Abstoß verbessert.

Um die Übertragung dieser Energie bei jedem Schritt zu verbessern, muss die Feder so ausgerichtet sein, dass die gesamte Energie nur in eine Richtung freigesetzt wird, wobei sie aber auch in der passenden Frequenz beansprucht werden muss. Um dies nachzuvollziehen, müssen Sie nur einmal auf der Stelle hüpfen, als würden Sie dabei Ihre Sprungfrequenz variieren. Sie werden feststellen, dass unterhalb einer gewissen Frequenz die Abprallwirkung reduziert ist und die Bewegung sehr ermüdend wird.

Je langsamer Sie hüpfen, desto mehr reduziert sich die Abprallwirkung! Versuchen Sie nun umgekehrt, die Sprungfrequenz maximal zu steigern: Dabei werden sie sehen, dass dies ab einer bestimmten Schwelle nicht mehr möglich ist. Dies belegt auch für das Laufen, wie wichtig die Wahl der richtigen Schrittfrequenz ist. Ist diese zu gering oder zu hoch, nimmt sie dem Läufer die Abprallwirkung. Jeder muss also das für ihn richtige Tempo finden, wobei er auf seine Muskulatur und seine psychomotorischen Fähigkeiten Rücksicht zu nehmen hat.

HUNDERTACHTZIG SCHRITTE: (K)EINE MAGISCHE ZAHL?

In der Fachpresse liest man häufig, 180 Schritte pro Minute seien die optimale Schrittfrequenz beim Laufen. Dies wird durch keine Studie bewiesen, und eine Analyse der Schrittfrequenz der besten Läufer zeigt, dass diese im Allgemeinen eine deutlich höhere Schrittfrequenz haben (eher in der Größenordnung von 190 bis 200 Schritten pro Minute, abhängig auch vom Lauftempo). Zwei Läufer haben eine Schrittfrequenz von mehr als 200 Schritten pro

Minute und sind für ihren ökonomischen Laufstil bekannt: der eritreische Läufer Zersenay Tadès und die US-amerikanische Triathletin Caitlin Snow.

Ich glaube jedenfalls nicht, dass es in diesem Zusammenhang eine magische Zahl gibt! Jeder muss die für ihn passende Schrittfrequenz finden, indem er verschiedene ausprobiert. Dem Läufer muss bewusst sein, dass ein sehr großer Teil der Kraft, die ihm zum Laufen dient, aus der elastischen Energie stammt und er daher versuchen muss, beim Laufen die Abprallwirkung zu spüren.

Wir haben bereits gesehen, dass der Abprall nicht bedeutet, von oben nach unten (vertikal) zu schwingen. Dank der Verschiebung von Becken und Hüfte kann der Läufer diesen Abprall umwandeln, d. h. er kann diese elastische Energie in eine Antriebsenergie umwandeln.

Häufig bedeutet es eine gute Verbesserungsmöglichkeit der Lauftechnik (vor allem im Sinn von Fußplatzierung und Körperhaltung), mit einer relativ hohen Schrittfrequenz zu laufen. Daher rate ich während der Übergangsphase zum Mittelfußlauf, sich einer Schrittfrequenz von 170 bis 180 Schritten pro Minute anzunähern. In dieser Schrittfrequenz ist der Läufer gezwungen, strukturiert und in einer guten Haltung zu laufen. Seine Tendenz, den Körper unkontrolliert in alle Richtungen oder um alle Achsen zu bewegen, wird abnehmen.

Läufer mit deutlichen Haltungsfehlern laufen meist mit einer geringen Schrittfrequenz und recht langen Schritten. Dadurch besteht bei jedem Schritt die Gefahr, dass diese Läufer die Körperkontrolle verlieren. Diese Art von Fehlern lässt sich häufig recht gut korrigieren, indem ein strukturierter Laufstil mit höherer Schrittfrequenz angenommen wird.

Warum 176 und nicht 180 für die Umstellungsphase auf den Mittelfußlauf, mit der wir uns im nächsten Kapitel noch ausführlich beschäftigen werden?

Weil dies 44 Schritten in 15 Sekunden entspricht, jeder Fuß also 22 Mal aufsetzt. Eine einfache Uhr mit Sekundenanzeige reicht aus, um zu zählen, wie oft der linke (oder rechte) Fuß in 15 Sekunden aufsetzt. So lässt sich überprüfen, ob die gewünschte Zahl pro Fuß erreicht wird.

Das ist sehr einfach durchzuführen und weniger mühsam, als die Schrittfrequenz in 30 Sekunden oder mehr zu zählen. Einige Läufer ziehen es allerdings vor, ihre Schrittfrequenz während 20 Sekunden zu zählen und sich dabei der Zahl 30 anzunähern (also 180 Schritten pro Minute). Es macht keinen großen Unterschied. Wird die Mittelfußlauftechnik erst einmal beherrscht, wird der Läufer in der Regel grundsätzlich, selbst in langsamem Tempo, eine Schrittfrequenz einhalten, die zumindest über 175 liegt.

Die Steigerung der Schrittfrequenz ist ein häufig vernachlässigter Faktor beim Anstreben von Fortschritten, der aber nicht unterschätzt werden sollte: Schon eine leichte Zunahme der Schrittfrequenz (ein oder zwei Schritte mehr auf einer Seite pro 15 Sekunden-Zeitraum) verlangt wenig zusätzliche Anstrengung. Ein zusätzlicher Schritt auf einer Seite pro 15 Sekunden-Zeitraum ergibt acht Schritte mehr pro Minute, und ein Läufer, dessen Schrittlänge 1,10 m beträgt, wird so ohne große Mühe einen halben Kilometer mehr in der Stunde laufen.

KAPITEL 4

WIE STELLT MAN DIE LAUFTECHNIK ERFOLGREICH UM?

Die verschiedenen biomechanischen Prinzipien beim Laufen interagieren miteinander. Wird eine Bewegung während einer Bewegungsphase schlecht ausgeführt, wirkt sich dies auf die gesamte Lauftechnik aus. Zudem lässt sich eine technisch schlecht durchgeführte Bewegungsphase auch nur sehr schwer durch eine andere Phase zu kompensieren.

In diesem Kapitel werden die Grundregeln erklärt, die bei der Umstellung auf eine gute Mittelfußlauftechnik einzuhalten sind. Daran anschließend folgt eine praktische Beschreibung dessen, was der Läufer tun muss, um diese Lauftechnik je nach gewähltem Lauftempo zu übernehmen.

1. Die einzuhaltenden Regeln

Regel Nr. 1: Konzentrieren Sie sich auf die Bewegungsbahn des Fußes und die Beugung des Knies

• Die Bewegungsbahn des Fußes beim Mittelfußlauf unterscheidet sich stark von der beim Geh-Läufer. Pauschal soll sich der Fuß, nachdem er auf dem Boden aufgekommen ist, wieder vom Boden heben und eine relativ hohe Position einnehmen. Bei höherem Tempo kann sich der Fuß sogar höher heben als das entgegengesetzte Knie (des Standbeins).

Wichtiger Punkt: Der Fuß soll das Standbein am oberen Wadenende kreuzen, nicht unten auf Knöchelhöhe.

Wenn Sie ein Geh-Läufer sind, werden Sie dieses Anheben des Fußes sicher etwas erzwingen müssen. Tatsächlich erfordert es jedoch weniger Anstrengung als Sie denken, denn wenn Sie Ihren Fuß auf dem Mittelfuß und nahezu im Beckenlot aufsetzen, erzeugt das Aufkommen auf dem Boden einen Abprall, der Ihrem Fuß ganz natürlich nach oben helfen wird. Das sollten Sie sich klar machen und versuchen, den Fuß einfach zurückschnellen zu lassen. Wenn es Ihnen schwerfällt, dieses Zurückschnellen zu spüren, liegt dies möglicherweise daran, dass Ihr Fuß zu weit vom Becken entfernt auf den Boden aufkommt. Probieren Sie aus, ob Sie dies leichter wahrnehmen können, wenn Sie Ihren Fuß etwas näher am Körperschwerpunkt aufsetzen.

• Befindet sich der Fuß auf Kniehöhe, lässt man ihn einfach durch die Pendelbewegung des Knies aus der Hüfte nach vorne kommen. Während dieser Pendelbewegung müssen Sie Ihr Knie weiter gebeugt halten.

Dieser Punkt ist sehr wichtig, denn wenn Sie sich damit begnügen, das Bein nur durch das Kippen des Beckens nach vorne zu bringen und dabei das Knie strecken, kommt der Fuß zu schnell wieder Richtung Boden und setzt mit der Ferse auf. Auch hierzu ist wenig Anstrengung nötig. Die hohe Fußposition in dem Moment, in dem der Fuß das gegenüberliegende Bein kreuzt, erlaubt es dem Läufer, gleichzeitig Schwerkraft, Pendeln, Beschleunigung des Fußes und Antrieb aus der Gesäßmuskulatur zu nutzen. So fällt es ihm leicht, den Fuß in idealer Weise nah am Körperschwerpunkt und auf dem Mittelfuß aufzusetzen.

Allgemein gilt: Je höher das Tempo, desto höher hebt sich der Fuß (nah ans Gesäß) und umgekehrt.

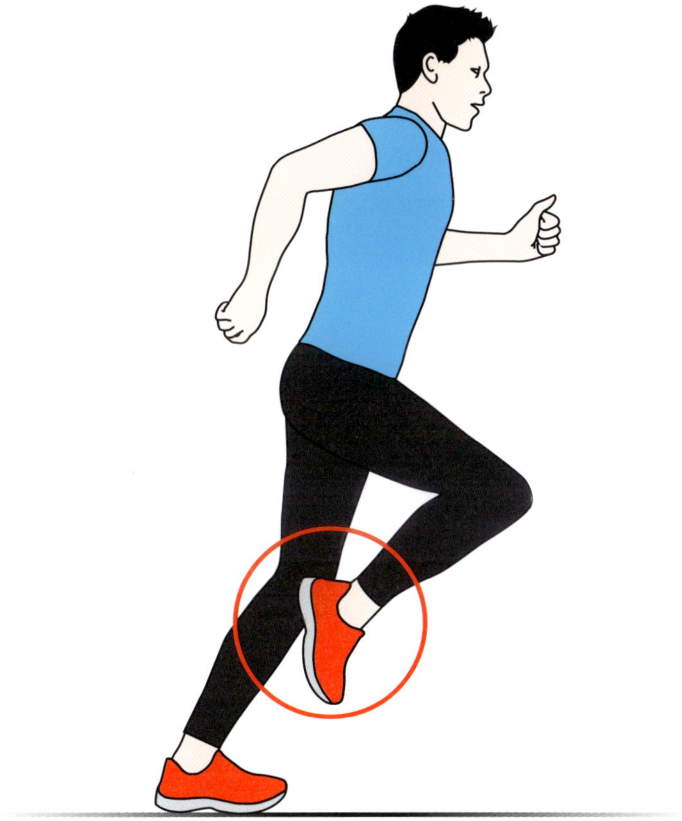

Während dieser gesamten Phase spielt die Gesäßmuskulatur in zweifacher Weise eine wichtige Rolle: Sie verhindert das Absinken des Beckens und ermöglicht teilweise den Antrieb. Sind die Gesäßmuskeln des Läufers nicht kräftig genug, wird sich sein Becken auf der Seite des Schwungbeins senken. Es ist darauf zu achten, das Becken so horizontal wie möglich zu halten.

Die Beobachtung von Hunderten von Läufern (darunter auch Champions) zeigt, dass ein direkter Zusammenhang zwischen dieser allmählichen und fortgesetzten Beugung des Knies sowie der Art und Weise besteht, wie der Fuß anschließend den Boden berührt. Bei den Läufern, die zuerst mit der Ferse aufsetzen, kreuzt der Fuß fast systematisch das gegenüberliegende Bein auf sehr niedriger Höhe.

Je höher sich der Fuß befindet, sobald er das gegenüberliegende Bein kreuzt, desto weniger neigt der Läufer dazu, den Boden mit der Ferse zuerst zu berühren.

Bei einer guten Kniebeugung trifft nicht die Ferse zuerst auf dem Boden auf, sondern der Mittelfuß. Dies ermöglicht sowohl eine echte Stoßdämpfung als auch eine Nutzung der elastischen Energie des Standbeins.

Die Beugung im Knie des Schwungbeins ist daher beim Mittelfußlauf von größter Bedeutung. Diese Beugung soll aber allmählich erfolgen, d. h. in dem Maß, in dem sich der Fuß nach vorne bewegt.

Die Schrittlänge beim Mittelfußlauf ergibt sich vor allem aus der Streckung der Hüfte und weniger aus der Vorwärtsbewegung des Fußes.

Während dieser Phase werden hauptsächlich die ischiocruralen Muskeln (Muskeln auf der Rückseite der Oberschenkel) gefordert. Sie erlauben die Kniebeugung.

Um diese Bewegung gut nachvollziehen zu können, stellen Sie sich den unteren Teil des Schwungbeins (vom Knie bis zum Fuß) wie einen Pfeil vor, der horizontal in einen Bogen (den Läufer) gespannt ist. Versuchen Sie, diesen Pfeil in etwa horizontal abzuschießen (oder eher ganz leicht nach oben), wobei die Bogensehne das Hüftgelenk des Standbeins ist, das sich bei jedem Schritt streckt.

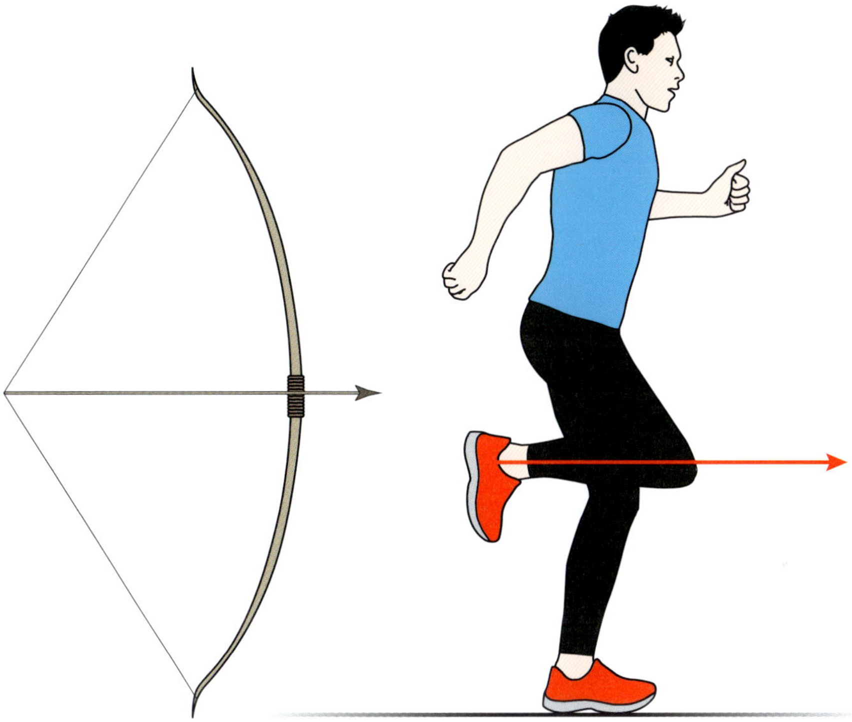

Einige Tricks für die Beherrschung der kontinuierlichen Beugung des Knies

- Stellen Sie sich vor, Sie müssten ein Hindernis überwinden, das vor dem Fuß des Schwungbeins liegt: Diese Bewegung ist gegensätzlich zu der des Geh-Läufers, der mit seinem Bein eine ähnliche Bewegung wie ein Fußballer ausführt, der einen Ball schießt (siehe die Abbildung auf der nächsten Seite). Dieses imaginäre Bild sollten Sie immer im Kopf haben: Machen Sie es beim Laufen nicht wie der Fußballer, sondern eher wie ein Hürdenläufer, auch wenn die Hürde nicht sehr hoch ist!

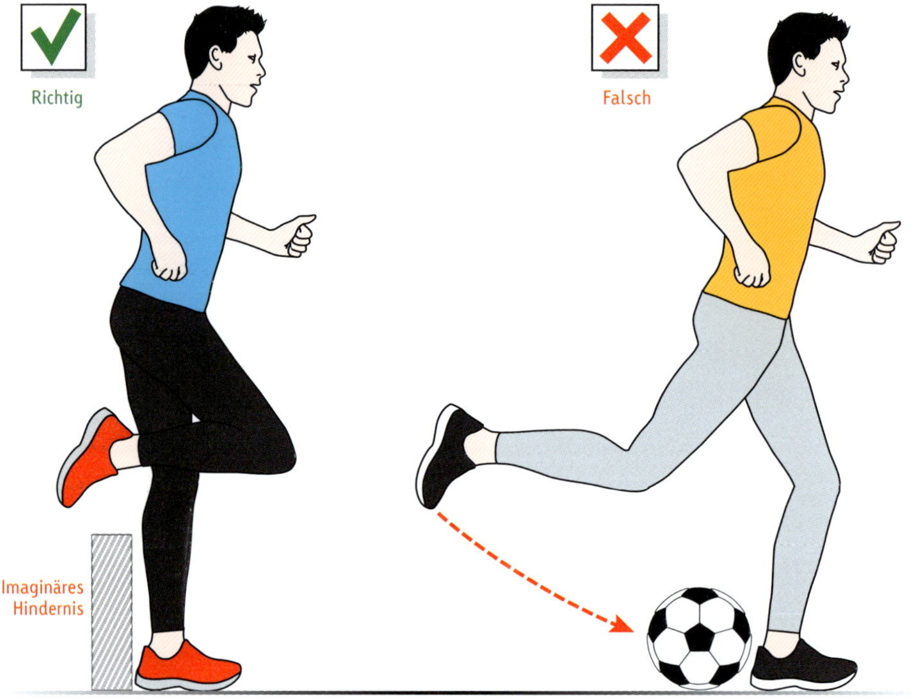

• Ein weiterer Trick ist es, sich vorzustellen, dass man stolpert – als stoße der Fuß gegen einen Balken, der sich ein paar Dutzend Zentimeter über dem Boden befindet.

• In schnellem Tempo stellen Sie sich vor, dass der Fuß Ihres Schwungbeins das obere Wadenende des Standbeines streift.

• In langsamerem Tempo kann man sich vorstellen, man habe den Fuß auf einem Laufband stehen, das einige Zentimeter hoch ist und den Fuß ruhig nach vorne bringt (Abbildung rechte Seite).

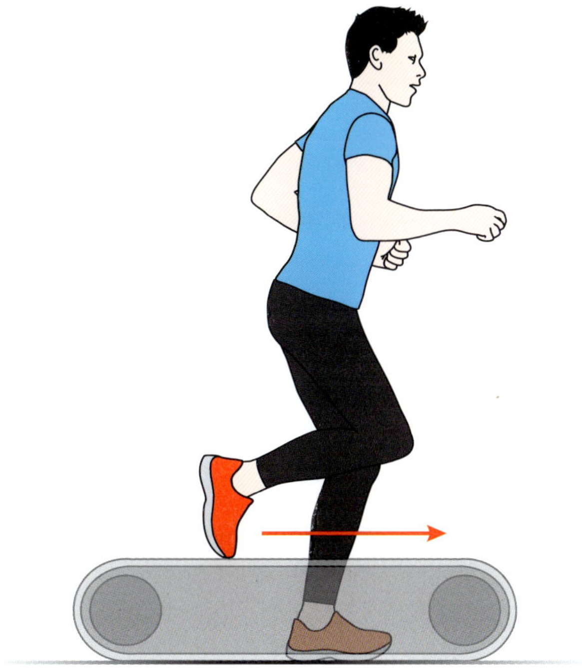

Laufband

- Sie können sich auf Ihre ischiocrurale Muskulatur auf der Rückseite des Oberschenkels konzentrieren und versuchen, deren Anspannung zu spüren.
- Sie können auch versuchen, eine Schubbewegung des Fußes parallel zum Boden zu spüren, als wolle jemand Ihren Fuß auf einer horizontalen Ebene nach vorne schieben.
- Und Sie können sich vorstellen, zu laufen und dabei Seil zu hüpfen: Dies wird Ihnen bei der richtigen Durchführung der Bewegungsbahn helfen. Halten Sie Ihren Fuß vor dem Auftreffen leicht über dem Boden, als müssten Sie das Seil unter Ihrem Fuß durchlassen, bevor dieser den Boden berührt, und synchronisieren Sie Arme und Beine (beim Seilhüpfen kommt es zu einer Synchronisierung zwischen der Arbeit der Handgelenke, die das Seil schwingen, und den Füßen). Allerdings darf man nicht zu sehr auf dem Vorfuß hüpfen, um eine Verletzung der Waden oder der Achillessehnen zu vermeiden.

Regel Nr. 2: Nutzen Sie Ihre Arme aktiv und synchronisieren Sie die Bewegungsbahnen von Ellenbogen und Knie

Es ist wichtig, die Arme aktiv zu nutzen, wenn man den Mittelfußlauf praktizieren möchte, insbesondere zu Beginn in der Lernphase. Das Schwingen der Arme ist für die meisten Läufer eine natürliche Bewegung, erfolgt allerdings bei der großen Mehrheit der Läufer nur passiv. Beim Mittelfußlauf strebt man jedoch aus mehreren Gründen ein aktives Schwingen der Arme an.

Dieses Armschwingen erlaubt es dem Läufer, sich leichtfüßiger am Boden abzustützen und auch Knie und Fuß weiter nach vorne zu bringen. Zudem hilft das Armschwingen dem Läufer, seine Schultern auf einer festen Linie zu halten (Regel Nr. 4). Es geht nicht darum, mit steifen Schultern zu laufen, sondern darum, darauf zu achten, dass die Schulterrotation nicht zu ausgeprägt ist. Wenn Sie die Arme nur schlenkern lassen, werden Ihre Schultern sich wahrscheinlich zu lasch von vorne nach hinten bewegen. Biomechanisch betrachtet ist dies nicht optimal, denn es behindert die Krafterzeugung durch den Oberkörper (siehe Seite 48 f., »Der spinale Antrieb«).

Durch dynamisches und aktives Armschwingen kann der Läufer die Biomechanik seines Laufstils optimieren, denn er profitiert von der Rumpftorsion. Mit zunehmendem Tempo erzeugt die Rumpftorsion bei jedem Schritt einen Leistungszuwachs: Der Läufer gewinnt an Leistung und Tempo. Das Becken soll für die Translationsbewegung von vorne nach hinten elastisch bleiben (der Hüftknochen bewegt sich zuerst nach vorne, dann nach hinten).

Tricks zur Beherrschung des Armschwingens

Wenn Sie sich fragen, wie Sie Ihre Arme am besten bewegen sollen, rate ich Ihnen, sich hierzu eine Bewegungsbahn der Hände von den Hüften bis auf halbe Brusthöhe vorzustellen. Die Arme sollen sich auf dieser Bahn bewegen, die Bewegungsamplitude proportional zur Laufgeschwindigkeit. Daher werden die

Hände nur bei maximaler Schrittlänge an den Hüften vorbei bis auf halbe Brusthöhe kommen.

Regel Nr. 3: Spüren Sie den Antrieb durch Hüfte und Gesäßmuskulatur

Hat der Läufer das Knie seines Schwungbeins vor den Körper geschwungen, so wird er durch die Mobilisation der Gesäßmuskulatur des Standbeins nach vorne bewegt. Das Becken wird nach vorne gebracht, indem eine Synchronisation der Gesäßmuskulatur des Standbeins mit der Hüftstreckung[6] und mit dem Schwingen des Schwungbeins erfolgt.

ZUSAMMENFASSUNG

Beim Mittelfußlauf soll man sich vor allem auf folgende Muskelgruppen konzentrieren: auf die **Gesäßmuskulatur** (ihre Aufgabe ist die Stabilisierung des Beckens und die Ausrichtung der Gelenke mit anschließender Hüftstreckung), auf die **ischiocrurale Muskulatur** (Kniebeugung und Hüftstreckung) und in geringerem Maße auf die **Bauchmuskeln**. Diese werden nur dann stark gefordert, wenn in relativ hohem Tempo gelaufen wird.

Die anderen Muskelgruppen spielen eine sekundäre Rolle: Die Quadrizeps-Muskulatur (auf der Vorderseite der Oberschenkel) sorgt vor allem dafür, das Gewicht des Läufers beim Aufstützen auf dem Boden zu tragen. Die Muskeln von Fuß und Wade werden offensichtlich ebenfalls beansprucht, dafür ist jedoch seitens des Läufers keine besondere Aufmerksamkeit erforderlich.

Der Läufer soll sich also im Wesentlichen auf die Gesäßmuskulatur und die ischiocrurale Muskulatur konzentrieren; dies umso mehr, als diese Muskeln bei uns, die wir überwiegend sitzen und gehen, häufig wenig entwickelt sind. Eine gezielte Muskelkräftigung kann sich hier als nützlich erweisen (siehe Anhang).

[6] Die Hüftstreckung, die einer Beinstreckung nach hinten entspricht, ist nicht zu verwechseln mit der Hüftbeugung, die dem Anheben des Knies entspricht.

Regel Nr. 4: Nutzen Sie die Torsion des Oberkörpers, um den Schritt zu vergrößern

Bei der Bodenberührung ist der Läufer einer seinem Körpergewicht entsprechenden Kraft ausgesetzt, nur dass sie in entgegengesetzter Richtung wirkt. Er wird also vom Boden vertikal »abgestoßen«, nicht in Laufrichtung. Um gegen diese vertikale Kraft anzukämpfen, muss der Läufer sein Becken auf einer horizontalen Ebene bewegen. Diese horizontale Translation des Beckens wird mit der der Schultern synchronisiert. Dabei kommt es zu einer Torsion des Oberkörpers (Beispiel: wenn der Läufer seine rechte Hüfte nach vorne bringt, geht seine rechte Schuler nach hinten). Ich verweise in diesem Zusammenhang auf die schematische Darstellung des Laufstils von Usain Bolt (Seite 51), auf der dieses Phänomen gut zu erkennen ist.

Das Ausmaß der Torsion soll ganz natürlich erfolgen, je nach Beweglichkeit und Bewegungsgefühl des Läufers. Eine zu ausgeprägte Torsion würde zu einer zu schlaksigen Laufweise führen und wäre kontraproduktiv. Der Läufer muss immer versuchen, seine Vorwärtsbewegung zu optimieren. Vor allem soll er sich beim Laufen nicht verdrehen. Diese Gefahr wird reduziert, wenn die Arme auf einer Linie schwingen, die von der Hüfte auf halbe Brusthöhe verläuft (Regel Nr. 2).

Die Torsion des Oberkörpers hängt mit der Streckung der Hüfte und der Anteversion des Beckens zusammen – also mit der Kippbewegung des Beckens, die in dem Moment erfolgt, in dem das Bein des Läufers nach hinten gestreckt wird. Durch diese Anteversion wird die Kurve, die der Körper in Seitenansicht beschreibt, ausgeprägter (auf der Abbildung rechts oben, die nach einem Foto der britischen Triathletin Chrissie Wellington erstellt wurde, als rot gestrichelte Linie dargestellt).

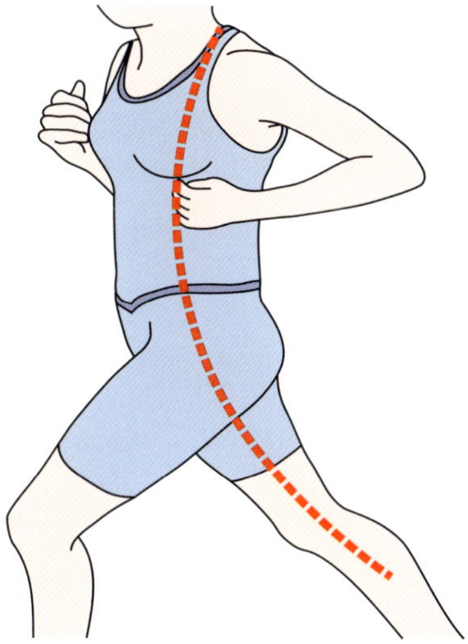

Diese Phase der Hüftöffnung und Becken-Anteversion ist ausschlaggebend, sobald der Läufer an Tempo zulegen will. Dies erfordert eine ausreichende Elastizität des Beckens, aber auch der Oberschenkelmuskeln sowie der Hüfte und der Bauchmuskulatur.

Regel Nr. 5: Berühren Sie den Boden mit dem Mittelfuß nah am Körperschwerpunkt

Wenn Sie die vorherigen Regeln anwenden, sollte sich Ihr Fuß dem Boden ganz natürlich in der Horizontalen nähern und den Boden mit dem Mittelfuß berühren, wobei er sich im Moment des Auftreffens von vorne nach hinten bewegt.

Diese Form des Auftreffens auf dem Boden ist wenig traumatisierend, die Stoßwelle ist abgeschwächt, denn der Fuß setzt nicht plötzlich auf dem Boden auf. Stören Sie sich nicht zu sehr daran, wenn Ihre Ferse dennoch zuerst den Boden berührt. Diese Fersenberührung kann vorkommen, wenn Ihr Schuh ein gewisses Gefälle zwischen Vorfuß und Ferse aufweist.

Die meisten Laufschuhe mit starker Stoßdämpfung, die derzeit auf dem Markt sind, haben eine Sprengung von etwa 1,2 cm. Selbst wenn der Fuß im Moment des Auftreffens auf dem Boden quasi horizontal ist, wird daher die Sohle auf Höhe der Ferse 1,2 cm tiefer liegen als der vordere Teil des Schuhs. Also berührt die Ferse in diesem Fall den Boden zuerst. Schuhe mit wenig Sprengung haben das Ziel, diese erste Berührung mit der Ferse zu begrenzen.

Der Fuß ist eine sehr sensible Extremität mit zahlreichen Nervenendigungen. In den Schuhen verlieren wir jedoch viel von der Empfindungsfähigkeit unserer Füße. Beschäftigt man sich mit dem Mittelfußlauf, ist es wichtig, diese Sensibiltät wieder zu entwickeln. Sie können dies üben, indem Sie von Zeit zu Zeit Schuhe mit dünner Sohle tragen oder auch barfuß laufen. Versuchen Sie, genau zu spüren, welcher Bereich Ihres Fußes den Boden zuerst berührt – beim Mittelfußlauf idealerweise der breiteste Teil des Fußes. Je größer die Kontaktfläche ist, desto besser werden die Kräfte, die beim Bodenkontakt entstehen, verteilt.

Die Bodenberührung soll außerdem relativ nah am Körperschwerpunkt erfolgen. Wenn Sie die vorherigen Regeln anwenden, sollte auch dies ganz natürlich erfolgen. Die Bodenberührung nah am Körperschwerpunkt ist wichtig, um den Körper sofort in eine optimale Position zu bringen, um nach vorne schwingen zu können und sich dabei möglichst wenig auszubremsen.

Das Bein soll im Moment des Bodenkontaktes nicht zu stark gebeugt sein und es sollte versucht werden, das Schienbein nahezu vertikal zu halten, bevor der Fuß aufsetzt. So wird das Knie in dem Moment, in dem das Becken des Läufers ins Lot mit dem Standbein kommt, nicht übermäßig gebeugt.

Die häufigsten Fehler, die es zu vermeiden gilt

- **Der Fuß kommt mit gestrecktem Bein auf dem Boden auf**. Solange ein Läufer dies nicht absichtlich macht, wird sein Bein beim Auftreffen auf dem Boden nie gestreckt sein, wenn er unsere Regeln beachtet. Das Bein soll leicht gebeugt sein, wodurch es zu einer natürlichen Stoßdämpfung beiträgt.

- **Die Arme werden nicht aktiv genutzt**. Die Arme spielen beim Light Feet Running eine sehr wichtige Rolle. Ihre Aufgabe besteht vor allem darin, den Läufer zu entlasten und den Rumpf beim Laufen einzubeziehen. Wenn man durch das Schwingen der Arme den Körper nicht entlastet und die Schulterlinie nicht fixiert, wird das Bein beim Aufkommen auf dem Boden tendenziell zu stark gebeugt – der Läufer sackt zusammen. Ein Läufer, der seine Arme beim Laufen nicht nutzt, verliert an Effizienz, da seine Schultern zu beweglich werden (was der Spannung im Oberkörper schadet).
- **Laufen mit gekrümmtem Rücken**. Beobachten Sie die Läufer in Ihrer Umgebung, und Sie werden feststellen, dass dies ein weit verbreiteter Fehler ist! Durch unsere überwiegend sitzende Lebensweise ist unser Körper auf eine gebeugte Haltung konditioniert. So bleibt der Oberkörper bei vielen gebeugt, einige schauen beim Laufen sogar gelegentlich auf ihre Füße. Diese Haltung ist mit der optimalen Nutzung der Bauchmuskulatur, der Muskeln des unteren Rückens und des Gesäßes unvereinbar, zudem schränkt sie die Nutzung des Beckens für eine größere Schrittlänge völlig ein.
- **Gesäßmuskulatur und ischiocrurale Muskulatur werden zu wenig beansprucht**. Um einen guten Mittelfußlaufstil zu erreichen, ist es nötig, auf die Arbeit der wirklich wichtigen Muskeln zu achten: auf die Gesäßmuskeln (Halt und Vorwärtsbewegung des Körpers), auf die ischiocrurale Muskulatur (Kniebeugung und Vorwärtsbewegung) sowie auf die gesamte Bauchmuskulatur. Mit zunehmender Übung erfolgt die richtige Nutzung dieser Muskelgruppen dann irgendwann quasi »automatisch«.
- **Mit zu weit nach hinten gelehntem Oberkörper laufen**. Diesen Fehler findet man keineswegs nur bei Anfängern, sondern auch bei vielen erfahrenen Läufern. Meist handelt es sich um ausgeprägte Fersenläufer. Da es so aussieht, als säße der Läufer auf einem Sitz (nur ohne Stuhl), spricht man auch vom »Sitzlaufen«. Ein »Sitzläufer« bringt den Oberkörper zu weit nach hinten und kann dadurch die

Schwerkraft nicht nutzen. Diese Fehlhaltung ist häufig das Ergebnis einer mangelnden Öffnung der Hüfte und/oder eines zu stark gestreckten Rückens. Sie kann gesundheitliche Folgen – im schlimmsten Fall: Arthrose (Gelenkverschleiß) – haben und verringert das Lauftempo. Bemüht sich der Läufer jedoch, bei jedem Schritt durch die Beinstreckung nach hinten die Hüfte gut zu öffnen und seine Arme zu benützen, sollte er diesen Fehler gut korrigieren können. Hilfreich ist es in diesem Zusammenhang, beim Laufen Hüpfschritte zu üben. Bei dieser Übung springt man bei jedem Schritt nach vorne und leicht nach oben (dabei beschreibt das Becken eine Parabel). Durch diese Übung werden dem Läufer eine bessere Haltung und ein besseres Gleichgewicht in der Sprungphase bewusst, die sowohl vom Antrieb aus der Hüfte als auch von der Schwerkraft und der Arbeit von Oberkörper und Armen profitieren.

- **Der Abprall wird nicht genutzt**. Beim Light Feet Running kommt es ganz wesentlich darauf an, den Fuß hinter dem Bein recht hoch anzuheben. Einige werden dafür anfangs bewusst ihre ischiocrurale Muskulatur einsetzen wollen. Das wäre ein Fehler, denn es ist nicht nötig (außer vielleicht ganz am Anfang der Übergangsphase vom Geh-Läufer zum Mittelfußläufer). Tatsächlich soll sich der Fuß dank der Abprallkraft mühelos heben. Dieses mühelose Heben ist ein Ergebnis der richtigen Positionierung des Fußes im Moment des Aufkommens auf dem Boden (leicht gebeugtes Bein, Fuß nah am Körperschwerpunkt und Abstützen auf dem Mittelfuß). Trifft der Fuß dagegen zu weit vor dem Körperschwerpunkt auf den Boden, wird die Abprallwirkung nicht in die Richtung geleitet, die das Anheben des Fußes nach hinten erlaubt. Man muss also versuchen, die Abprallkraft zu spüren, die den Fuß vom Boden abheben lässt. Bei einer zu geringen Schrittfrequenz wird der Läufer »gestaucht«, ohne vom Abprall zu profitieren.
- **Eine größere Schrittlänge durch Strecken des Beins nach vorne erreichen wollen**. Die Schrittlänge ist kein Widerspruch zum Mittelfußlauf, ganz im Gegenteil.

Man kann mit der Mittelfußlauftechnik schnell und sogar sehr schnell laufen, ohne deshalb eine höhere Schrittfrequenz einzusetzen. Wichtig ist es, die Bewegungsbahn des Mittelfußlaufs beizubehalten.

- **Der Fuß hat zu kurz Kontakt mit dem Boden**. Bei Läufern, die ihre Schrittfrequenz steigern wollen, sieht man manchmal, dass sie einen zu kurzen Bodenkontakt haben. Darunter ist nicht die Dauer zu verstehen, die der Fuß Kontakt mit dem Boden hat (und die sehr kurz sein kann), sondern vielmehr die Art und Weise, wie dieser Kontakt erfolgt. Um den beim Light Feet Running erwünschten Schwung zu erreichen, muss es beim Bodenkontakt zu einer Massenverlagerung kommen. Wenn der Fuß nur vom Boden abprallt (wie beim Seilhüpfen), beansprucht dies die Sehnen auf der Wadenrückseite zu sehr. Daher ist darauf zu achten, mit dem Fuß am Boden eine Massenverlagerung vorzunehmen, die vom Läufer wie ein leichtes Zurückkommen des Fußes im Schuh empfunden werden kann oder wie ein Rückschub des Fußes auf dem Boden mit Halt auf dem Mittelfuß und anschließendem Schub auf den Vorfuß. Es geht dabei um eine sehr subtile Empfindung.
- **Der Versuch, die Knie höher zu heben als dies für das einfache ballistische Wieder- nach-vorne-Kommen des Knies nötig ist**. Es wird empfohlen, vor allem immer locker zu laufen, ohne das Heben der Knie jemals zu forcieren. Der Fuß bleibt, während er wieder nach vorne kommt, dank der anhaltenden Kniebeugung auf einer gewissen Höhe. Ab einem gewissen Tempo wird der Läufer das Knie allerdings etwas höher heben müssen und dafür seine Bauchmuskeln und die Hüftbeugemuskeln beanspruchen.

Biomechanisch betrachtet soll diese Bewegung mit dem Fuß nah am Oberschenkel ausgeführt werden. Wird das Knie nicht ausreichend gebeugt, wird der Fuß relativ weit unten platziert sein. Das macht es zugleich schwieriger, das Knie anzuheben. Auf diese Weise werden auch die Muskeln auf der Vorderseite des Oberschenkels stärker als nötig beansprucht.

• **Geräuschvoller Laufstil**. Ein wichtiges Element einer effizienten Lauftechnik ist ihre Leichtigkeit. Der Körper wird nicht bei jedem Schritt gestaucht, sodass Sie höchstwahrscheinlich beim Light Feet Running nahezu geräuschlos laufen werden. Dieser Effekt ist erwünscht und das Zeichen für einen leichtfüßigen Laufstil.

2. Die Pyramide des Light Feet Runnings

Wie können die Regeln konkret in die Praxis umgesetzt werden? Ich empfehle Ihnen für den Anfang, das »Setzen« Ihrer Schritte zu lernen. Dies erfolgt in drei aufeinanderfolgenden Etappen, die es Ihnen erlauben werden, Ihre eigentliche Lauftechnik zu entwickeln.

Zur Visualisierung und als Gedächtnishilfe können diese drei Etappen in Form einer Pyramide dargestellt werden. Dies wird Ihnen helfen, die richtigen Automatismen in der richtigen Reihenfolge in Ihren Laufstil zu integrieren.

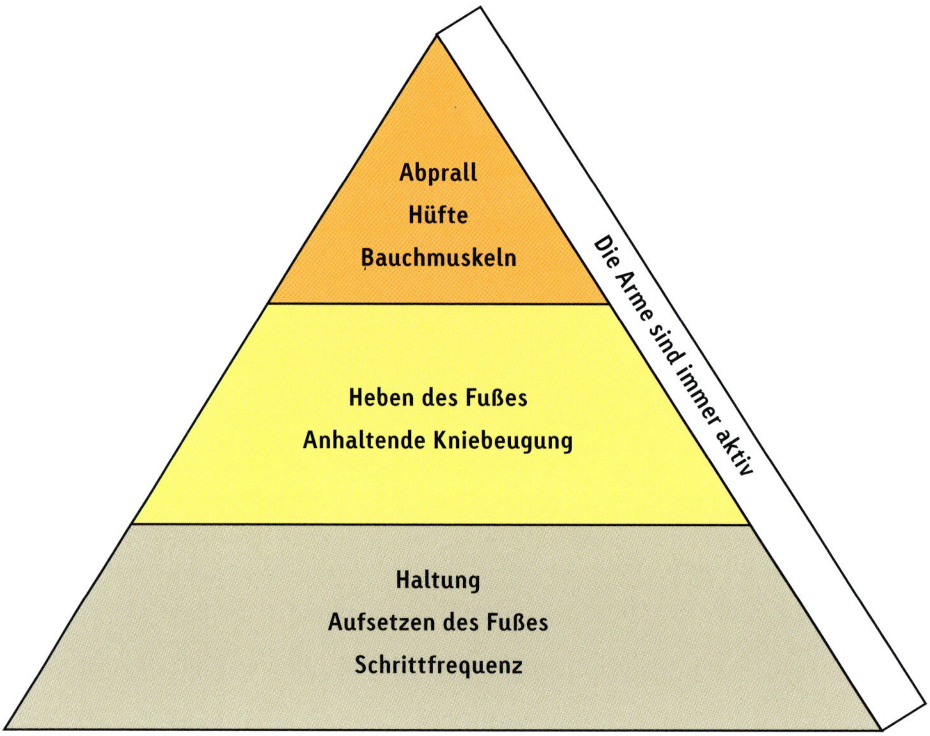

Die **Basis der Pyramide** stellt die Grundlage der Lauftechnik unabhängig vom Tempo des Läufers dar. Beginnen Sie also damit, die Anleitungen dieser Grundlage einzuhalten. Beim Aufwärmen für zehn bis zwölf inuten konzentrieren Sie sich auf die folgenden drei Punkte:

- Aufsetzen des Fußes nah am Körperschwerpunkt
- Gerade Haltung
- Höhere Schrittfrequenz (etwa 176 Schritte). Diese Zahl ist nur ein Richtwert und gibt die Größenordnung an. Es reicht, wenn Sie Ihre Schritte auf einer Seite während 15 Sekunden zählen (um auf 22 zu kommen). Dafür brauchen Sie kein besonderes Hilfsmittel – eine einfache Uhr mit Sekundenanzeige reicht aus. Denken Sie daran, Ihre Arme zu benützen, um diese Schrittfrequenz zu erreichen. Ihre Arme sollen nicht passiv, sondern im Gegenteil immer aktiv sein.

Anschließend setzen Sie die Anleitungen der **mittleren Pyramidenstufe** um. Sobald Sie sich mit dieser »Grundlage« wohlfühlen und sich ausreichend aufgewärmt haben, können Sie damit beginnen, den hinteren Fuß (Fuß des Schwungbeins) höher zu heben, um ihn auf einer horizontalen Linie auf Kniehöhe des Standbeins nach vorne zu führen und dann mit der Kniebeugung des Schwungbeins beginnen. Hierzu konzentrieren Sie sich zuerst während vier Schritten auf ein Bein und dann während der folgenden vier Schritte auf das andere Bein und wiederholen diese Übung, bis der Vorgang ganz natürlich geworden ist.

Schließlich folgt die **oberste Pyramidenstufe**. Sobald Sie diese Bewegungsbahn des Fußes gut in ihre Laufbewegung integriert haben, sollten Sie anfangen, die elastische Energie zu spüren, die von Ihrem Fuß und Ihrer Wade erzeugt wird. Damit betreten Sie die Welt der angenehmen Empfindungen des Mittelfußlaufs. Die Empfindung ähnelt der eines Läufers, unter dessen Schuhsohlen sich eine Blattfeder befindet. Dies ist das Zeichen dafür, dass die Schritte richtig gesetzt werden, sowohl im Raum (Platzierung des Fußes im

Verhältnis zum Becken) als auch in der Zeit (Schrittfrequenz). Nun können Sie Ihr Becken und Ihre Bauchmuskulatur mit ins Spiel bringen, um die Schrittlänge zu vergrößern.

Denken Sie daran, stets die Arme aktiv zu bewegen, die auch in geringem Tempo ihre Schritte unterstützen sollen. Anschließend können Sie das Light Feet Running im gewählten Tempo durchführen, wie wir dies später noch ausführen werden. Während dieser drei Etappen sollten Sie versuchen, mehr oder weniger dieselbe Schrittfrequenz beizubehalten.

Ich empfehle Ihnen, diese Stufenpyramide immer im Kopf zu behalten; auch und gerade dann, wenn Sie anfangen, müde zu werden. Für den Fall, dass es »weniger gut« läuft (im Training oder im Wettkampf), lassen Sie zunächst die Anweisungen der obersten Stufe beiseite, dann die der mittleren. Umgekehrt versuchen Sie, wenn Sie nach einer langsamen Phase wieder an Tempo zulegen, zunächst die Punkte der untersten Stufe zu beachten, dann die der mittleren, bis sie die oberste Stufe erreichen.

Auf diese Weise prägen sich die einzelnen Punkte so sehr in Ihr visuelles Gedächtnis ein, dass Sie schon bald »kaum noch darüber nachdenken« müssen ...

3. Ihr individuelles Tempo

Die folgenden Empfehlungen sollen Ihnen helfen, unabhängig von Ihrem Leistungsniveau zur Tat zu schreiten. Allerdings muss man sich dabei klar machen, dass sich Haltung und Bewegung eines Läufers je nach seinem Lauftempo unterscheiden. Ich schlage Ihnen vor, diese drei Geschwindigkeitsstufen zu unterscheiden:

- Jogging-Tempo: unter 12 km/h;
- Mittleres Tempo: zwischen 12 und 15 km/h;
- Schnelles Tempo: 15 km/h und mehr.

Die Mittelfußlauftechnik (Light Feet Running) eignet sich für jeden, für Anfänger genauso wie für Spitzenläufer, im langsamem (Joggen) wie im schnellen Tempo.

Mittelfußlauf im Jogging-Tempo (unter 12 km/h)

Beginnen Sie damit, einfach zu gehen und dabei die Hüfte bei jedem Schritt gut zu öffnen. Versuchen Sie dabei, Ihr Bein deutlich nach hinten zu strecken. Achten Sie darauf, dass Ihr Knie bei jedem Schritt wirklich hinter Ihren Rumpf kommt, wobei der Oberkörper schön gerade gehalten wird. Gehen Sie mehrere Minuten in ruhigem Tempo. Zählen Sie spaßeshalber über eine gewisse Entfernung Ihre Schritte. Gehen Sie beispielsweise 400 m ganz normal, ohne sich um die Position Ihrer Knie zu kümmern, und zählen Sie dabei Ihre Schritte oder stoppen Sie die Zeit. Gehen Sie dann wieder zurück, wobei Sie auf dem Rückweg bei jedem Schritt Ihre Hüfte gut öffnen. Vergleichen Sie die Zeit oder die Anzahl der Schritte. Sie sollten den Rückweg deutlich schneller gelaufen sein oder Ihre Schrittzahl deutlich reduziert haben. Es geht nicht darum, das Hüftgelenk übertrieben zu öffnen, sondern darum, geschmeidig zu werden und den Winkel zu öffnen, der vom Rumpf und dem Bein, das sich nach hinten streckt, gebildet wird. Sie sollen spüren, wie die Gesäßmuskulatur und die ischiocrurale Muskulatur arbeiten, um das Bein nach hinten zu ziehen. (Diese Übung hat übrigens den durchaus willkommenen Nebeneffekt, das Gesäß zu straffen!) Vermeiden Sie möglichst, die gewünschte Hüftstreckung mithilfe der Muskeln des unteren Rückens zu erreichen. Sie könnten sonst dort Schmerzen bekommen. Die Schrittlänge soll vor allem aus der Hüfte kommen, nicht von der Lendenwirbelsäule.

Nach dieser Geh-Phase konzentrieren Sie sich auf dese vier grundlegende Punkte, die sich sehr leicht umsetzen lassen:

- Halten Sie den Oberkörper gerade.
- Setzen Sie den Fuß nahezu im Lot Ihres Körperschwerpunktes auf (der sich senkrecht unter Ihrem Becken befindet).
- Öffnen Sie die Hüfte bei jedem Schritt (wie bei der vorhergehenden Geh-Übung), ohne zu forcieren. Versuchen Sie, die Position Ihres Knies am Ende der Hüftstreckung zu spüren, um zu überprüfen, ob es vom Rumpf weit genug entfernt ist. Sie

können mit dem Verhältnis zwischen der Translation der Schultern und der Öffnung der Hüfte experimentieren. Mit Hilfe der Translation der Schultern können Sie versuchen, Ihr Knie noch etwas weiter nach hinten zu strecken. Forcieren Sie nichts. Die Bewegung soll natürlich und entspannt sein.

- Wenn Sie Ihren Fuß wieder nach vorne bringen, achten Sie darauf, ihn so lange wie möglich auf gleichbleibender Höhe über dem Boden zu halten, bis er das andere Bein kreuzt; etwa so, als würden Sie über eine kleine Stufe steigen (oder als stünde Ihr Fuß auf einem kleinen Laufband). Man kann auch versuchen, eine Bewegung wie beim Laufen auf einer leichten Steigung zu finden. Versuchen Sie so gut es geht, dies nicht durch ein Heben, sondern vielmehr durch ein Beugen des Knies zu erreichen.

Wenn Sie langsam laufen, wird sich Ihr Fuß wenig heben und daher das Knie auch nur wenig beugen. Selbst in diesem Tempo ist es sehr wichtig, sich der Beugung des Knies wirklich bewusst zu sein, wenn Sie den Fuß nach vorne bringen. Andernfalls könnte Ihr Fuß zu tief in Richtung Boden kommen und diesen mit der Ferse zuerst und bei gestrecktem Bein berühren.

Am Ende des Zyklus soll der Fuß ganz natürlich und beinahe horizontal wieder zum Boden kommen und dabei mit leicht gebeugtem Bein und mit dem Mittelfuß zuerst aufsetzen. Anfangs können Sie einfach versuchen, den Fuß flach aufzusetzen. Das ist nicht ideal, aber es ist (auch im Wortsinn) ein Schritt in die richtige Richtung. Vor allem ist es dem ersten Aufsetzen mit der Fußspitze vorzuziehen (insbesondere im langsamen Tempo).

Als Hilfe, um die angestrebte Bewegung besser zu erfassen, können Sie sich bei Ihrem Beinzyklus noch eine dritte Phase im Vergleich zu den zwei Phasen des Aufsetzens mit der Ferse vorstellen: Beim Aufsetzen mit der Ferse kann man sagen, dass der Läufer zuerst den Fuß vom Boden hebt (Phase 1), dann den Fuß vor sich bringt und den Boden berührt (Phase 2). Beim Mittelfußlauf soll man darauf achten, eine zusätzliche Phase in diesen Laufrhythmus aufzunehmen, um das primäre Aufsetzen mit der Ferse zu vermeiden. Also ...

... Phase 1, der Läufer hebt den Fuß vom Boden;

... Phase 2, der Läufer bringt den Fuß möglichst horizontal nach vorne;

... Phase 3, der Läufer berührt den Boden mit dem Mittelfuß, wobei er den Fuß leicht nach hinten bringt.

Hier nun eine Reihe von Zeichnungen, die anhand von Fotos von Anton Krupicka angefertigt wurden, einem der besten Trailläufer der Welt, und diese Art des langsamen Laufens illustrieren.

- Gerader Oberkörper und Öffnung der Hüfte.

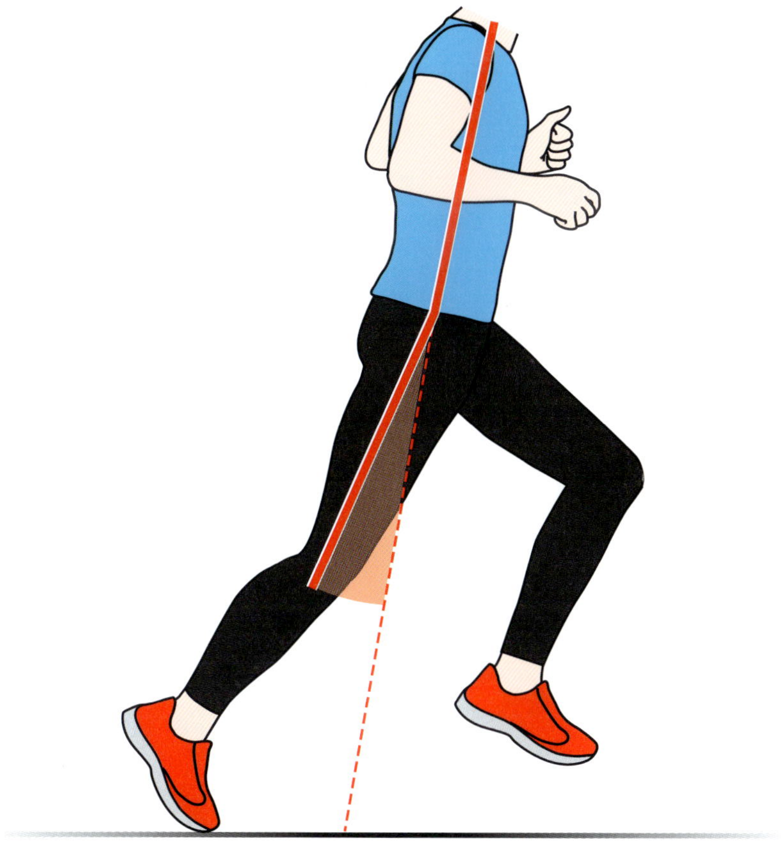

• Der Fuß des Schwungbeins bewegt sich so, als wolle man eine kleine Stufe hochsteigen.

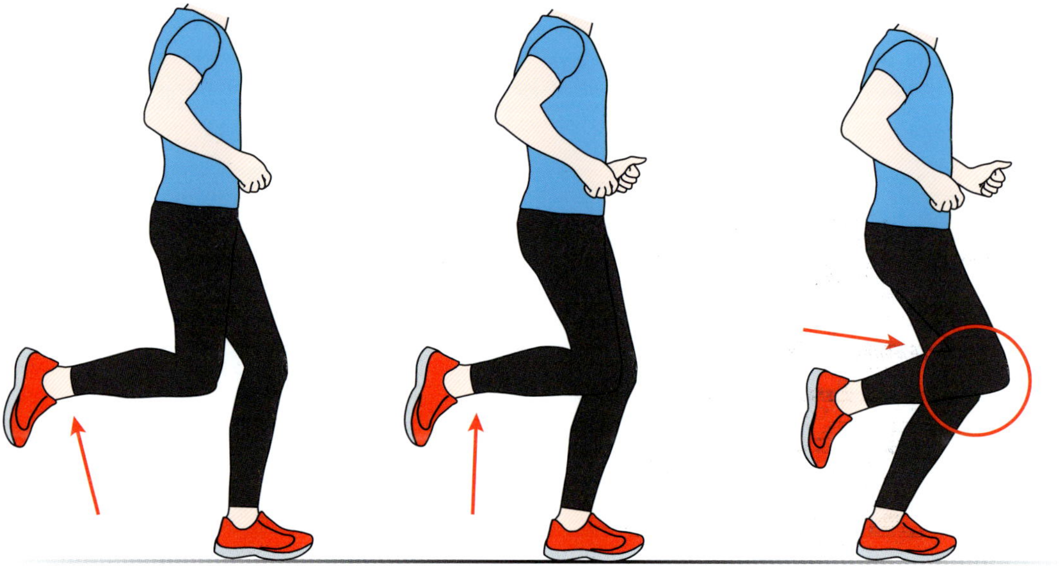

Nachdem der Fuß das andere Bein gekreuzt hat, ist er immer noch hoch.

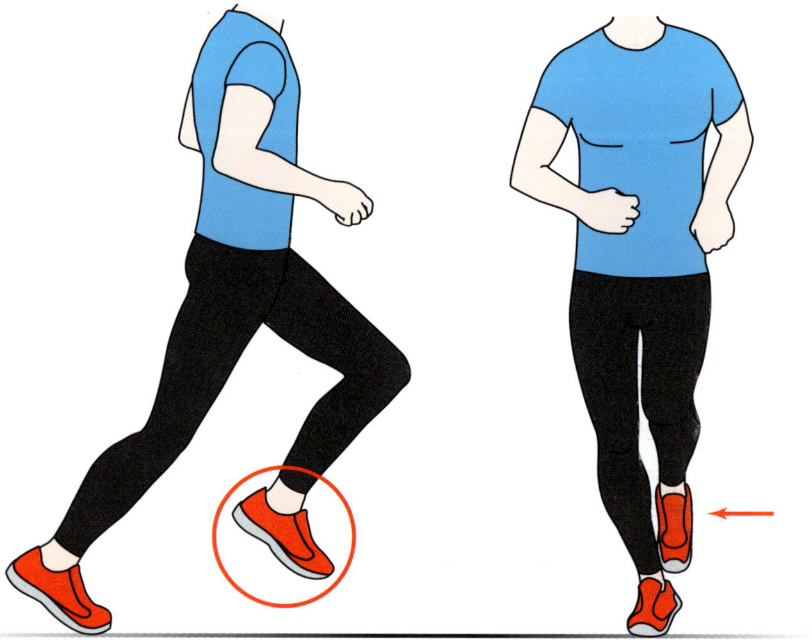

- Der Fuß wird horizontal und auf eine sehr sanfte Art und Weise aufgesetzt, beinahe im Lot unter dem Becken.

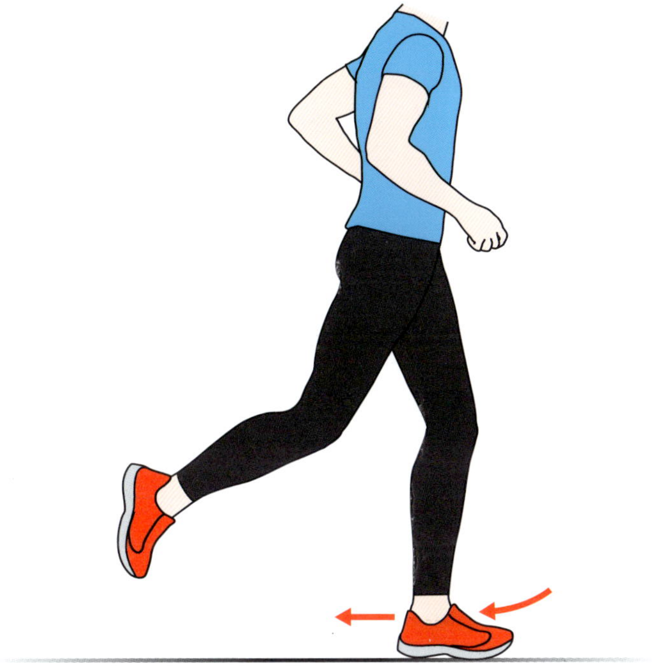

- Versuchen Sie, die Öffnung der Hüfte mit der Massenverlagerung des anderen Beines nach vorne (Schwingen des Knies) zu verbinden. Wenn Sie in der Fußsohle ein Ziehen verspüren, versuchen Sie, die Kontaktdauer des Fußes mit dem Boden etwas zu verkürzen oder die Hüftstreckung etwas zu reduzieren. Es ist völlig normal, dass Ihr Körper eine gewisse Zeit braucht, um sich an diese neue Bewegung anzupassen. Wenn Ihr Fuß noch Bodenkontakt hat, während Ihr Bein ganz nach hinten gestreckt ist, kann dies die Sehnen der Fußsohle etwas zu stark dehnen.

Ist der Bodenkontakt umgekehrt zu kurz, führt dies möglicherweise zu unangenehmen Empfindungen in den Waden. Sollte dies der Fall sein, achten Sie darauf, dass Ihre Ferse den Boden erst nach dem Vorfuß berührt. Die Ferse soll nicht an einem Bodenkontakt gehindert werden, wenn sich dadurch die Waden nicht so entspannen können, wie dies sein soll.

Wenn Sie diese eben genannten vier grundlegenden Punkte beachten, zu denen noch die dynamische und aktive Rolle der schwingenden Arme hinzukommt, sollten Sie (bei ausreichender körperlicher Kondition) das Joggingtempo problemlos halten können. Falls Sie zu schnell ermüden, wechseln Sie zwischen Gehen und Laufen, wobei Sie darauf achten, die vorherigen Punkte sowohl beim Laufen als auch beim Gehen zu berücksichtigen.

PRO UND CONTRA: VERKÜRZTE SCHRITTLÄNGE?

Von einigen Autoren, die das minimalistische Laufen befürworten, kommt der Rat, die Schrittlänge deutlich zu verkürzen. Leider verändert diese Schrittverkürzung die Bewegungsbahn nicht grundlegend, wenn Sie der Typ Geh-Läufer sind. So wird die Bewegungsbahn nur verkürzt, ohne in den Mittelfußlauf umzuschalten. Zudem hat es für die Muskulatur des Läufers praktisch keine Bedeutung, denn sie wird dabei nicht besonders entwickelt. Der Ansatz beim Light Feet Running ist insofern ein anderer, als er nicht durch eine Verkürzung der Schrittlänge zu einer Veränderung des Laufstils führt, sondern durch eine Veränderung des allgemeinen Laufprofils. Es kommt daher zu praktisch keiner Verkürzung der Schrittlänge. Erstaunlicherweise nimmt die Schrittlänge durch die Öffnung der Hüfte gelegentlich sogar zu.

Der Mittelfußlauf im mittleren Tempo (12–15 km/h)

Für geübte Läufer, die etwas schneller laufen wollen, ist der Mittelfußlauf (Light Feet Running) ebenfalls sehr interessant. Um diese Lauftechnik dem mittleren Tempo anzupassen, empfehle ich, die zuvor für den Anfänger oder Jogger genannten Punkte anzuwenden und um die folgenden zu ergänzen.

- Nach dem Bodenkontakt den Fuß etwa auf Kniehöhe des Standbeins heben. Dieses Heben soll natürlich und proportional zur Abprallkraft des Fußes vom Boden erfolgen.

Biomechanisch gesehen bringt es nichts, den Fuß höher zu heben. In der Regel reicht es für ein schnelleres Lauftempo aus (natürlich unter Berücksichtigung der individuellen anatomischen Merkmale jedes Einzelnen), den Fuß auf Kniehöhe anzuheben (d. h. mit beinahe horizontalem Schienbein).

- Wenn der Fuß durch die Pendelbewegung des Knies wieder nach vorne kommt, denken Sie bitte daran, das Knie kontinuierlich zu beugen, damit sich der Fuß des Schwungbeins auf einer beinahe horizontalen Linie bewegt, bis er das andere Bein kreuzt. Dieser Punkt ist sehr wichtig, denn er erlaubt es zugleich, die Kraftverlagerung nach vorne zu optimieren und den Fuß mit dem Mittelfuß zuerst statt mit der Ferse aufzusetzen.
- Nutzen Sie Ihre Arme, um sich gut zu entlasten, die Schultern zu fixieren und die Länge der ersten Schritte zu vergrößern.
- Nehmen Sie die gesamte Bauchmuskulatur in Anspruch. Ab einer gewissen Schrittlänge sollten Sie die Arbeit Ihrer Bauchmuskeln spüren, die die Beckenbewegungen begleitet. Diese Empfindung geht Hand in Hand mit der Aktivierung Ihres spinalen Antriebs (S. 48 f.). Ab einem Tempo von ca. 12 km/h sollten Sie spüren, wie wichtig die Rolle des Rumpfes ist

Wegen der spezifischen Aufgabe der Bauchmuskulatur gilt es zu vermeiden, dass diese beim Laufen angespannt ist. Dies würde das Becken blockieren und könnte Schmerzen im unteren Rücken auslösen. Es ist vielmehr nötig, dass das Becken das Laufen flexibel und in Koordination mit den Armen begleitet. Daher sollten Sie spüren, dass Ihre Bauchmuskeln arbeiten.

Das Umsetzen der Mittelfußlauftechnik in einem Tempo zwischen 12 und 15 km/h wird sicher eine gewisse Anpassungszeit von einem Läufer verlangen, der jahrelang den Laufstil des Geh-Läufers praktiziert hat.

Zu Beginn der Umstellung rate ich dem Läufer, sich die nötige Zeit zu nehmen, um sich mit dem Mittelfußlauf in langsamem Tempo vertraut zu machen, bevor er in ein schnelleres Tempo übergeht.

Der Mittelfußlauf in einem schnellen Tempo (über 15 km/h)

Ein Läufer, der in diesem Tempo laufen kann und keine Verletzungsprobleme hat, hat sicherlich bereits eine leistungsfähige und effiziente Lauftechnik für sich gefunden. Vielleicht praktiziert er sogar bereits, ohne es zu wissen, teilweise oder vollständig das Light Feet Running.

Doch auf jedem Leistungsniveau gibt es immer noch eine Möglichkeit, die Technik zu verbessern und den Laufstil zu perfektionieren. Wenn dies auf Sie zutrifft, rate ich Ihnen, neben den in den beiden vorherigen Abschnitten beschriebenen Punkten noch diese weiteren zu beachten.

- **Stärkere Mobilisierung des Rumpfes**. Der Antrieb erfolgt durch die Öffnung der Hüften in Verbindung mit dem Pendeln des Knies und dem Einsatz der Schwerkraft. Bei einem höheren Tempo kann dieser Antrieb dank des Schwingens der Arme von einer stärkeren Rumpfbewegung begleitet werden. Sie sollten sich bemühen, die Torsion des Oberkörpers zu spüren. Sie müssen spüren, dass Ihre Bauchmuskulatur (insbesondere die schrägen Bauchmuskeln) stark gefordert wird.

Es ist wichtig, dass dieser Antrieb mehr nach vorne als nach oben erfolgt. Ziel des Läufers ist nämlich keine vertikale, sondern eine horizontale Bewegung. Es ist interessant zu beobachten, dass es vielen ausgezeichneten Langstreckenläufern gelingt, mit großer Schrittlänge zu laufen und dabei Knie und Füße nur wenig zu heben. So können sie vertikale, beim Laufen unökonomische Schwingungen, maximal begrenzen.

Die folgende Visualisierungsübung kann Ihnen helfen, dies in Ihren Laufstil aufzunehmen: Stellen Sie sich vor, Sie müssten ein kleines Hindernis überwinden. Um Ihren Schritt richtig zu verlängern, müssen Sie sich dieses Hindernis nicht direkt vor Ihrem Standbein vorstellen, sondern etwas weiter entfernt (diese Entfernung ist auf der Abbildung rechts rot dargestellt). Dies zwingt Sie, Ihren Schritt größer zu machen. Leichtes Neigen nach vorne kann diese Bewegung erleichtern. Durch diese Neigung kann der Öffnungswinkel des Beckens optimiert werden, während der Fuß relativ weit unten bleibt. So können Schrittlänge und geringes vertikales Schwingen kombiniert werden – also genau das, was der schnelle Langstreckenläufer anstreben soll.

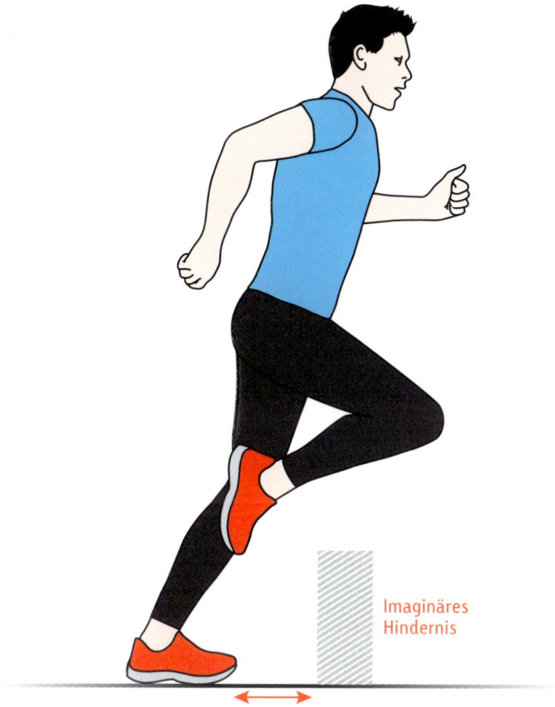

Sobald der Fuß des Schwungbeins das Standbein passiert hat, wird sich das Knie des Schwungbeins beim schnellen Läufer leicht strecken, um in die typische Position zu kommen, in der das Schienbein des vorderen Beins parallel (oder beinahe parallel) zum »Antriebsbein« ist (siehe die Abbildung auf der nächsten Seite). Diese Position scheint für die Startphase optimal zu sein.

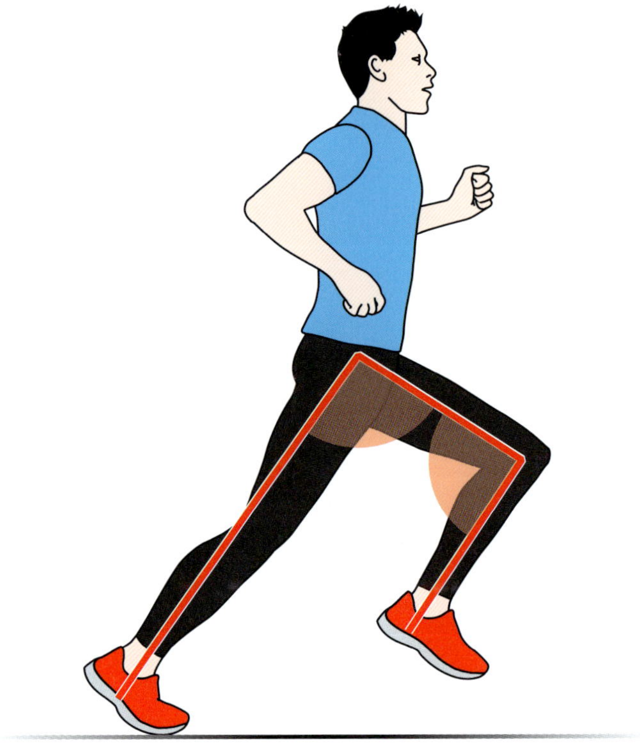

- Nutzen Sie Ihre Quadrizeps-Muskulatur stärker. Diese haben beim Mittelfußlauf hauptsächlich eine Stützfunktion. Sie verhindern, dass die Läufer beim Aufkommen auf dem Boden »zusammensacken«. Genau wie die Waden sammeln auch die Quadrizeps-Muskeln elastische Energie an, wenn der Läufer den Fuß mit gebeugtem Bein auf dem Boden aufsetzt. Beim Laufstil des Geh-Läufers werden sie stärker beansprucht, da sie an der Vorwärtsbewegung des Fußes (Bewegung eines Fußballers, der einen Ball schießt) mitwirken. Beim Mittelfußlauf in einem Tempo über 15 km/h sollte der Läufer seine Quadrizeps-Muskeln aktiv nutzen, um die Strecke des Fußes nach vorne und damit auch seine Bewegungsbahn nach vorne zu verlängern. Diese Muskelbeanspruchung erfolgt in dem Moment, in dem der Fuß seinen Weg nach vorne beendet und beginnt, wieder nach hinten zu kommen. Die ganze Kunst des Mittelfußlaufs in schnellem Tempo besteht darin, diese Bewegung auszuführen, während der Fuß noch in der Luft ist. So kann der Läufer seinen

Fuß noch deutlich vor dem Bodenkontakt nach vorne bringen, um ihn nahe am Körperschwerpunkt und auf dem Mittelfuß aufzusetzen. Führt der Läufer diese Bewegungsbahn nicht vollständig aus, wird sein Fuß eher auf der Ferse und weit vom Becken entfernt aufsetzen.

Genau das beobachtet man übrigens bei vielen schnellen Läufern. Obgleich ihre Lauftechnik in vielerlei Hinsicht dem Mittelfußlauf sehr nah ist, setzen sie den Fuß mit der Ferse zuerst auf, um mehr Schrittlänge nach vorne zu gewinnen. Wenn der Fuß dabei nah am Becken, beinahe horizontal und mit gebeugtem Bein aufsetzt, bleibt dies folgenlos. Hier unten sehen Sie, wie der Läufer seinen Fuß über das Knielot hinaus nach vorne bringt.

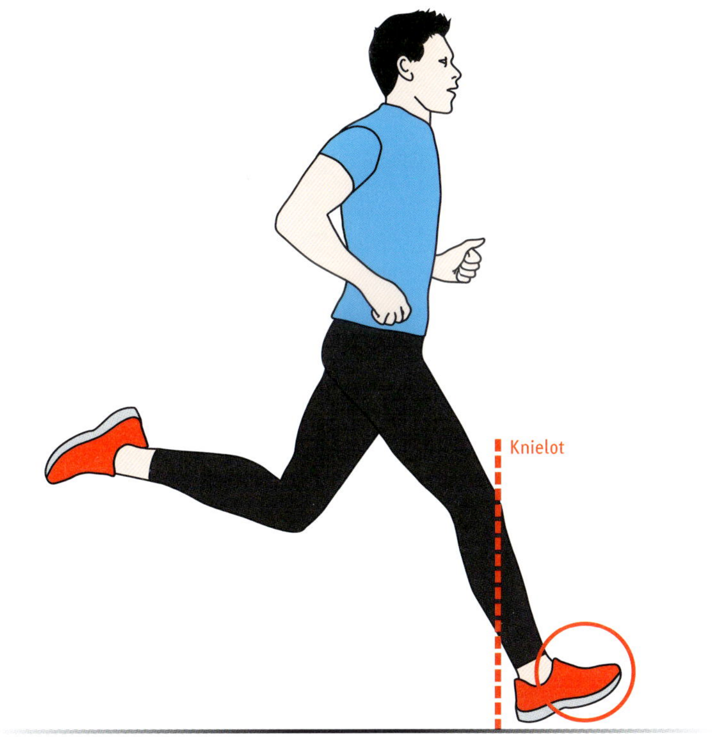

Der Fuß kommt leicht zurück, bevor er mit dem Mittelfuß und nah am Becken mit gebeugtem Knie aufsetzt.

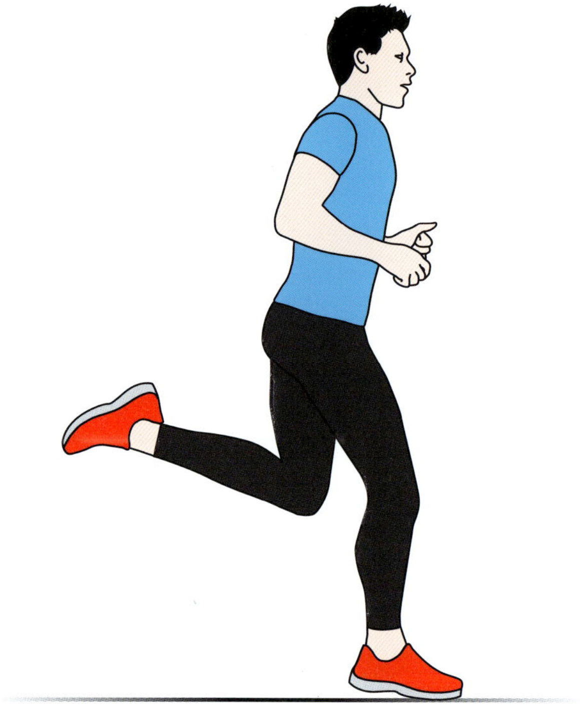

ZUSAMMENFASSUNG

Der Laufstil des schnellen Läufers lässt sich in **drei Hauptphasen** unterteilen:

- Ich hebe meinen Fuß in Richtung Gesäß.
- Ich bringe den Fuß meines Schwungbeins nach vorne (dank einer anhaltenden Kniebeugung), dabei spüre ich die Pendelwirkung des Knies sowie den Antrieb durch die ischiocruralen Muskeln und die Gesäßmuskulatur, wobei ich darauf achte, den Fuß nicht zu hoch zu heben (d. h. ohne die Kniehebung forcieren zu müssen).
- Zum Schluss verlängere ich die Bewegungsbahn des Fußes nach vorne durch Einsatz der Quadrizeps-Muskeln, achte aber immer darauf, den Fuß wieder leicht zurückzunehmen, bevor er auf den Boden aufsetzt, und ihn nah am Körperschwerpunkt sowie mit gebeugtem Bein aufsetzen zu lassen.

Es mag schwierig erscheinen, diese Details alle in der kurzen Zeit jedes einzelnen Schritts unterzubringen. Doch seien Sie unbesorgt – mit zunehmenden Fortschritten prägt sich die Technik ganz natürlich ein. Lassen Sie sich nicht irritieren, falls Ihr Laufstil dem Light Feet Running nicht »ganz genau« entspricht, sondern nur davon inspiriert ist: Jeder sollte seinen Laufstil für sich selbst optimieren, indem er anhand der im Buch beschriebenen Prinzipien den für ihn individuell »richtigen« Bewegungsablauf findet. So oder so aber gehört es zu den Schönheiten des Laufens, an den Punkt zu kommen, an dem man versteht, wie der Körper funktioniert, um ihn achtsam und bestmöglich nutzen zu können.

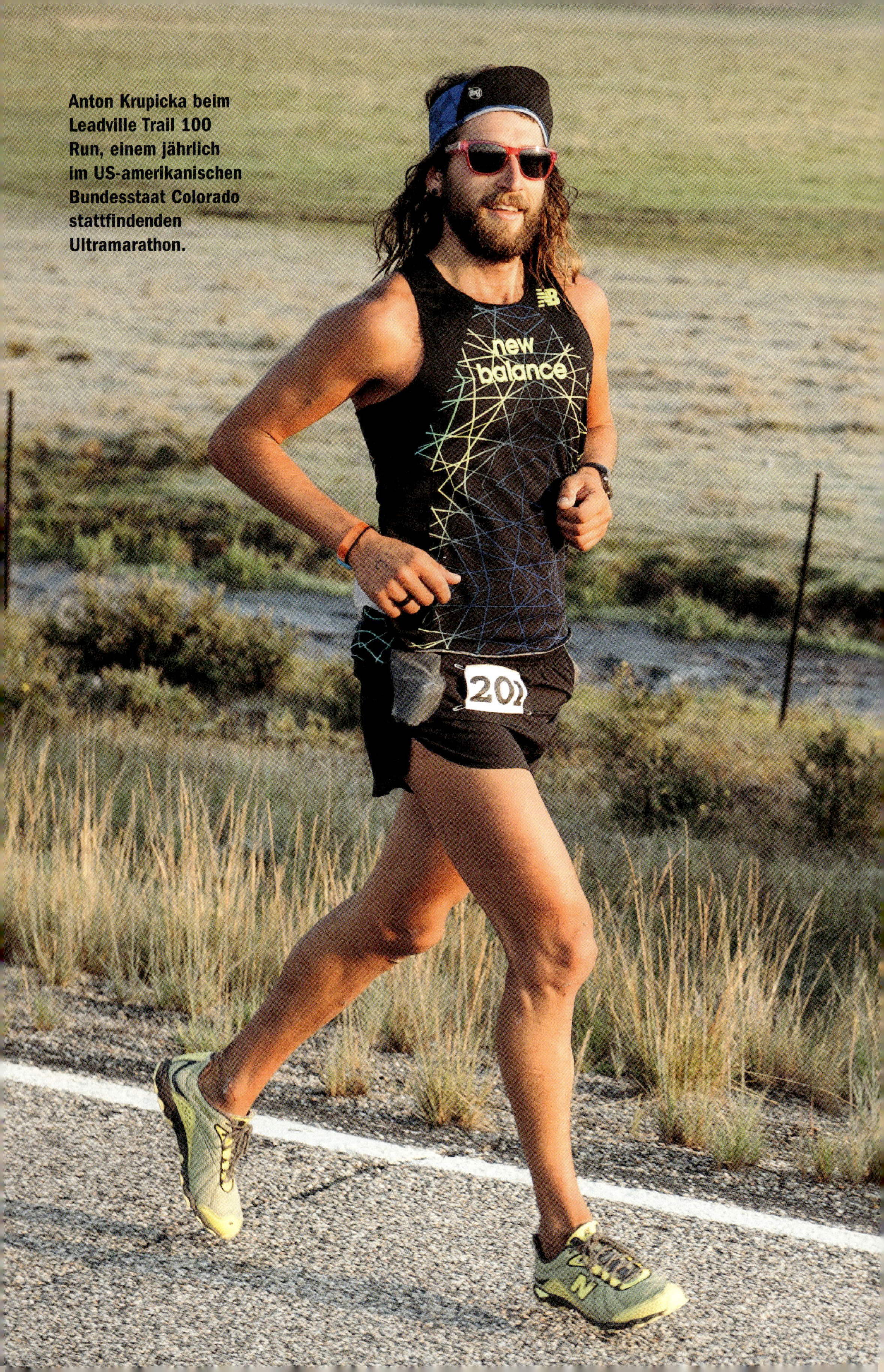

Anton Krupicka beim Leadville Trail 100 Run, einem jährlich im US-amerikanischen Bundesstaat Colorado stattfindenden Ultramarathon.

KAPITEL 5

IN 12 WOCHEN ZUR ÖKONOMISCHSTEN UND SCHONENDSTEN LAUFTECHNIK

Die vorangegangenen theoretischen und praktischen Erläuterungen haben Sie hoffentlich dazu inspiriert, das Light Feet Running auszuprobieren und dabei die Vorzüge dieser Mittelfußlauftechnik für sich selbst zu entdecken. Hier finden Sie nun einen 12-Wochen-Plan mit vielen Tipps und Tricks für angehende Light Feet Runner.

Tipps und Tricks

- Achten Sie immer darauf, vor jeglichem Training eine Aufwärmphase einzuhalten, indem Sie beginnen, langsam und mit kleinen Schritten zu laufen, ohne sich weiter um die Bewegungsbahn Ihrer Füße zu kümmern. Diese Phase soll mindestens zehn Minuten lang dauern. Diese Zeit braucht der Körper, um eine gerade Haltung zu finden und allmählich warm zu werden. Versuchen Sie lediglich, beim Aufwärmen von Anfang an auf eine gute Schrittfrequenz zu achten (diese soll vor allem nicht zu niedrig sein).

➔ Beginnen Sie nach dem Aufwärmen, die Regeln des Light Feet Runnings nacheinander anzuwenden (siehe Kapitel 4), wobei Sie zuerst auf einen geraden Oberkörper achten und nach vorne blicken.

1 Konzentrieren Sie sich auf die Bewegungsbahn des Fußes und die Beugung des Knies.

2 Entlasten Sie sich mithilfe der Arme und koordinieren Sie die Bewegungsbahn des Ellenbogens mit der des Knies.

3 Spüren Sie den Antrieb durch die Öffnung der Hüfte.

4 Bringen Sie den Fuß mit dem Mittelfußbereich nah am Körperschwerpunkt auf den Boden.

(Die fünfte Regel, Laufentlastung durch Torsion des Oberkörpers, kommt später, bei schnellem Tempo.)

➔ Versuchen Sie, die fünf Aktions-Reaktionsmechanismen, die bereits in Kapitel 1 besprochen wurden, mental zu integrieren und auch schon in der Aufwärmphase nach und nach zu spüren:

1 Die Abprallwirkung des Fußes vom Boden.

2 Die Translation von Becken und Schultern.

3 Die Entlastung durch die Arme.

4 Die Beugung des Knies und das Nach-vorne-Pendeln des Knies.

5 Die Schwerkraft, die Sie nach vorne zieht.

➔ Wenn Sie spüren, dass Sie bei einem sehr leichten Gefälle schneller werden, ist dies ein Zeichen dafür, dass der Fuß gut unter dem Körperschwerpunkt platziert wird. Spüren Sie eine solche Beschleunigung hingegen nicht, kontrollieren Sie, ob Ihr Fuß vielleicht zu weit vor dem Körper und mit der Ferse zuerst auf dem Boden aufkommt.

→ **Filmen Sie sich oder lassen Sie sich filmen**. Auf einem Video sieht man sich selbst und erkennt Haltungsfehler, denn vor allem zu Beginn der Umstellung auf den Mittelfußlauf besteht eine große Abweichung zwischen dem, was man empfindet und der tatsächlichen Körperposition im Raum.

Viele Läufer glauben, sie würden den Fuß mit dem Mittelfußbereich berühren, während sie tatsächlich mit der Ferse zuerst aufkommen und meist auch weit vom Körperschwerpunkt entfernt.

Wenn Sie sich filmen, überprüfen Sie auf den Aufnahmen folgende Punkte:

- **Das Aufsetzen des Fußes**: Setzt der Fuß nah am Lot des Körperschwerpunkts und auf dem Mittelfuß auf? Setzt der Fuß beinahe horizontal auf dem Boden auf?
- **Die Position des Oberkörpers**: Halten Sie sich gerade, ohne Knick im Becken?
- **Die Bewegungsbahn, die an einen Schnabelschuh erinnert**: Hebt der Fuß sich hoch genug und kommt er vor allem bei der Vorwärtsbewegung nicht direkt nach unten, sondern bewegt sich eher horizontal, begleitet von einer kontinuierlichen Beugung des Knies, bis er das Standbein gekreuzt hat?
- **Die Öffnung der Hüfte**: Welchen Winkel bildet der Rumpf mit dem nach hinten gestreckten Bein? Je schneller Sie laufen, desto weiter wird der Winkel sich öffnen (Jogger, die sonst überwiegend eine sitzende Lebensweise haben, öffnen diesen Winkel eher wenig, sodass ihre Schritte viel zu kurz sind).
- **Die Schulterlinie**: Ist diese gut fixiert, ohne übermäßig gespannt, aber auch nicht zu locker zu sein?
- Besteht eine gute Koordination zwischen **Arm- und Beinarbeit**?
- Bewegt sich der **Fuß des Schwungbeins** nicht zu weit nach vorne? Ist Ihr Schwungbein nach vorne gestreckt, wobei der Fuß munter am Knielot vorbeizieht? Eine solche Bewegung ist nur bei hohem Tempo angebracht. Sicher nicht gerechtfertigt ist sie im Ausdauertempo (65–77 % der maximalen Herz-

frequenz) oder bei leichtem Laufwiderstand (80–88 % der maximalen Herzfrequenz.

→ Beobachten Sie die Abnutzung der Sohlen Ihrer Laufschuhe und vermeiden Sie es nach Möglichkeit, Ihre Laufschuhe wegzuwerfen, bevor Sie auf den Mittelfußlauf umgestellt haben. So können Sie die Abnutzung der Sohlen während Ihrer Fortschritte vergleichen. Dies ist ein guter Hinweis auf die Änderung des Laufstils.

→ Wenn Sie merken, dass sich Ihr Laufstil mit zunehmender Erschöpfung verschlechtert, achten Sie darauf, eine gute Schrittfrequenz beizubehalten, auch auf die Gefahr hin, die Schritte verkürzen zu müssen. So können Sie einen dynamischen Laufstil beibehalten, die Abprallkraft bestmöglich nutzen und sich dadurch schonen, sodass Sie sich erholen, ohne in den Fehler zu verfallen, den Fuß mit der Ferse zuerst und weit vor dem Körperschwerpunkt aufzusetzen.

→ Wenn Sie mit kleinen Schritten und langsam laufen (8–12 km/h), versuchen Sie, Ihre Waden so wenig wie möglich für den Antrieb zu nutzen. Die Waden sollen sich auch in einem langsamen Tempo auf eine passive Rolle beschränken. Sie müssen darauf achten, für den Antrieb Ihre ischiocrurale Muskulatur, die Gesäßmuskulatur und den Oberkörper zu nutzen. Beim langsamen Laufen ist man versucht, durch die Wadenmuskulatur voranzukommen. Das wäre ein Fehler. Dadurch werden die Muskeln und die Achillessehne zu stark beansprucht, und der Körper wird nicht gut auf einen Mittelfußlauf in höherem Tempo vorbereitet.

12-WOCHEN-PLAN ALS ORIENTIERUNGSHILFE

Ich habe einen 12-Wochen-Plan erstellt, um Ihnen bei der Umstellung auf das Light Feet Running zu helfen. Passen Sie den – als Orientierungshilfe gedachten – Plan Ihrer körperlichen Fitness an. Ideal ist es, wenn Sie zunächst mindestens zweimal pro Woche laufen. Es ist nicht zu empfelen, diesen Plan mit einem Trainingsplan für einen bevorstehenden Wettlauf zu kombinieren. Idealerweise erfolgt die Umstellung auf das Light Feet Running ohne Zielvorgabe bezüglich der Laufzeit und ohne bevorstehenden Wettkampf, zudem sollten Sie zumindest während der ersten sechs Wochen möglichst das Laufen gegen starken Widerstand vermeiden (Anstrengungen mit mehr als 88 % der maximalen Herzfrequenz).

Die Anfangshase dieses Plans (1. und 2. Woche) hat einzig zum Ziel, den Läufer an die Grundlagen zu gewöhnen, die ihm anschließend dazu dienen werden, auf das Light Feet Running umzustellen. Diese Grundlagen sind die Schrittfrequenz, die Haltung und das Aufsetzen des Fußes nah am Beckenlot. Während dieser Phase können Sie mit Ihren üblichen Laufschuhen laufen (auch wenn diese schwer sind, stützen und dämpfen). Wenn Sie glauben, dass Sie diese drei Grundelemente beherrschen, können Sie direkt mit der 3. Woche des Plans fortfahren.

1. Woche

In dieser ersten Woche liegt das Hauptaugenmerk auf dem Aufsetzen des Fußes nah am Körperschwerpunkt. Sie streben an, den Fuß nah am Beckenlot aufzusetzen, die Schrittfrequenz leicht zu steigern, wenn sie unter 165 Schritten pro Minute liegt, und eine gerade Haltung beizubehalten, ohne jemals im Becken abzuknicken.

Denken Sie daran, beim Laufen zu zählen, wie oft Sie den rechten (oder linken) Fuß innerhalb von 15 Sekunden aufsetzen. Um die beim Light Feet Running empfohlene Schrittfrequenz zu erreichen (176 Schritte pro Minute), müssen Sie den Fuß auf einer Seite 22 Mal aufsetzen. Diese Schrittfrequenz sollten Sie sogar beim Joggen anstreben. Versuchen Sie, so gut es geht, diese Schrittfrequenz dank Ihrer Arme zu erreichen. Dies wird Ihnen helfen, auch während der folgenden Phasen Ihre Arme aktiv zu bewegen.

2. Woche

Während der zweiten Woche lautet das Ziel, den Fuß mit hoher Schrittfrequenz immer nah am Körperschwerpunkt aufzusetzen. Hinzu kommt folgendes Element:

Sie versuchen, den hinteren Fuß bei jedem Schritt anzuheben, ohne dabei zu übertreiben (auf eine Höhe zwischen Kniehöhe und zwei Drittel des Schienbeins des Standbeins). Anfangs erfordert dies vielleicht eine bewusste Anspannung der Muskeln auf der Oberschenkelrückseite (ischiocrurale Muskulatur), dann entsteht aber schnell ein Automatismus, der noch erleichtert wird, wenn Sie den Fuß nah am Beckenlot aufsetzen und Ihre Gesäßmuskulatur besser nutzen. Wenn Sie den Fuß zu weit vor dem Körper aufsetzen, wird dieses Anheben des Fußes nach hinten schwierig. Achten Sie daher darauf, den Fuß nah am Beckenlot aufzusetzen, genau wie in der ersten Woche.

Solange Sie sich mit der praktischen Umsetzung der Ratschläge der ersten und zweiten Woche noch nicht wohlfühlen, warten Sie noch, bevor Sie das Programm der dritten Woche in Angriff nehmen. Ergänzend empfehle ich Ihnen, während der ersten und zweiten Woche noch die folgenden Übungen durchzuführen:

→ Planen Sie ein paar Minuten ein, in denen Sie barfuß oder in Socken laufen. Dies kann am Anfang oder Ende der Übungsphase sein. Sollten Sie in der Nähe ein Stadion mit Kunstrasen haben, wäre dies hierfür ideal. Bei schlechtem Wetter ist es am besten, auf einem Laufband zu laufen. Falls Sie weder das eine noch das andere verfügbar haben, versuchen Sie, einen geeigneten Boden zu finden, damit Sie sich nicht verletzen. Das kann Erde, Gras oder Asphalt sein.

→ Führen Sie zwei bis drei Mal pro Woche die Übungen für die Gesäßmuskulatur und die ischiocrurale Muskulatur durch, die im Anhang ab Seite 145 empfohlen werden. Das dauert pro Übungseinheit nur 15 bis 20 Minuten. Ziel ist es, Ihren Körper wieder daran zu gewöhnen, bisher wenig beanspruchte Muskelgruppen zu nutzen.

→ Machen Sie einfache Übungen zur Propriozeption:

- Stehen Sie beispielsweise barfuß eine Minute auf einem (gestreckten) Bein, das Knie des anderen Beines 90° gebeugt, die Arme seitlich am Körper. Wiederholen Sie die Übung mehrmals, wobei Sie jeweils das Bein wechseln.

- Sie können die Übung etwas schwieriger gestalten, indem Sie die Augen schließen oder einen Ball gegen eine Wand (oder zu einem Partner) werfen und anschließend wieder auffangen. Bemühen Sie sich, Knöchel-Knie-Becken-Schulter immer vertikal ausgerichtet zu halten. Bemühen Sie sich auch um eine gute horizontale Ausrichtung von Becken und Schultern (weder das eine noch das andere sollte auf einer Seite tiefer sinken).
- Sie können auch versuchen, diese statische Position zu halten, während Sie das Standbein leicht beugen. Achten Sie dabei immer auf eine gute Ausrichtung zwischen Knöchel, Knie und Hüfte; vermeiden Sie, dass Ihr Knie zu sehr nach innen oder außen abweicht.

3. Woche

Während dieser Woche halten Sie sich weiterhin an die Empfehlungen für die erste und zweite Woche, wechseln aber hin und wieder von Ihren üblichen Laufschuhen zu leichten, flexiblen Schuhen (siehe Seite 124). Sie können auch barfuß laufen, wenn ein geeignetes Gelände in der Nähe ist. Wenn Sie zweimal pro Woche laufen, tragen Sie während höchstens 5 % der wöchentlichen Laufzeit leichte Schuhe. Wenn Sie beispielsweise zweimal in der Woche eine Stunde laufen (120 Min.), können Sie versuchen, in der dritten Woche 1 Std. 5 Min. mit Ihren üblichen Schuhen zu laufen, 40 Minuten mit leichten Schuhen und insgesamt nicht mehr als 15 Minuten barfuß (vorzugsweise 2 x 7,5 Min.). Übungen zum Muskeltraining wie in der 1. und 2. Woche.

4. Woche

Diese Woche ist dafür bestimmt, die Zeit zu verlängern, die Sie in leichten Schuhen laufen. Sie versuchen nun, die Hälfte der Laufzeit mit leichten Schuhen zu laufen, wobei Sie immer die Ratschläge der 1. und 2. Woche umsetzen. Zudem beginnen Sie nun damit, die Bewegung des kontinuierlichen Beugens der Knie in den Ablauf zu integrieren, wie bereits auf Seite 80 erklärt. Übungen zum Muskeltraining wie in der 1. und 2. Woche.

5. Woche

Steigern Sie Ihre Laufzeit in leichten Schuhen um 10 Prozent. Sie beginnen, die Streckung der Hüfte nach hinten zu spüren, und streben an, Ihre Arme zu nutzen, um diese Streckung zu erleichtern. Wird dabei der untere Rücken steif, konzentrieren Sie sich auf einen aktiven Einsatz der Bauchmuskeln. Sie sollten deren antreibende Kraft bei der Beckenbewegung spüren. Diese Art der Muskelarbeit passt besser zu einem etwas schnelleren Tempo. Es ist nicht nötig, sie während der gesamten Übungseinheit beizubehalten, vor allem nicht im Jogging-Tempo.

6. bis 12. Woche

Von der 6. bis zur 12. Woche fahren Sie damit fort, die Gesamtlaufzeit in leichten Schuhen zu verlängern, um schließlich nur noch mit leichten Schuhen zu laufen. Achten Sie darauf, alle lauftechnischen Ratschläge in diesem Buch einzuhalten. Ab der 6. Woche rate ich Ihnen, regelmäßig (und mehrmals bei einer Laufeinheit) die Aneinanderreihung folgender Lerninhalte zu üben:

- Konzentrieren Sie sich bei vier aufeinanderfolgenden Bodenkontakten des linken Fußes ausschließlich auf die Bewegungsbahn des linken Fußes. Achten Sie dabei nicht auf das rechte Bein.
- Richten Sie anschließend die Aufmerksamkeit während vier aufeinanderfolgender Bodenkontakte des rechten Fußes auf das rechte Bein. Konzentrieren Sie sich nur auf die Bewegungsbahn des rechten Fußes, ohne auf das linke Bein zu achten
- Konzentrieren Sie sich anschließend während acht Schritten auf die Bewegungsbahn beider Füße sowie auf die Entspannung und Streckung der Hüfte.
- Während der folgenden acht Schritte versuchen Sie schließlich, Ihre Schrittfrequenz zu steigern, indem Sie kleinere Schritte machen.

Wiederholen Sie diese Sequenz aus vier Übungen 4 bis 5 Mal. Sie können sich auch auf die Lerninhalte 1 und 2 beschränken und diese beliebig oft wiederholen. Dann laufen Sie wieder, ohne Ihrem Laufstil besondere Aufmerksamkeit zu schenken.

Dank dieser Übungen werden sie Ihren Körper auf den richtigen Bewegungsablauf beim Light Feet Running programmieren, Sie schaffen die nötigen Automatismen und gewöhnen Ihren Körper dabei an die neue Lauftechnik.

Im Lauf der Wochen werden Sie feststellen, dass sich die Bewegungsbahn Ihres Fußes (Stichwort »Schnabelschuh«) nicht mehr weiterentwickelt. Sie können nun mit dem Üben dieses Lerninhalts aufhören. Nichts hindert Sie jedoch daran, das Gelernte in der Folgezeit hin und wieder aufzufrischen.

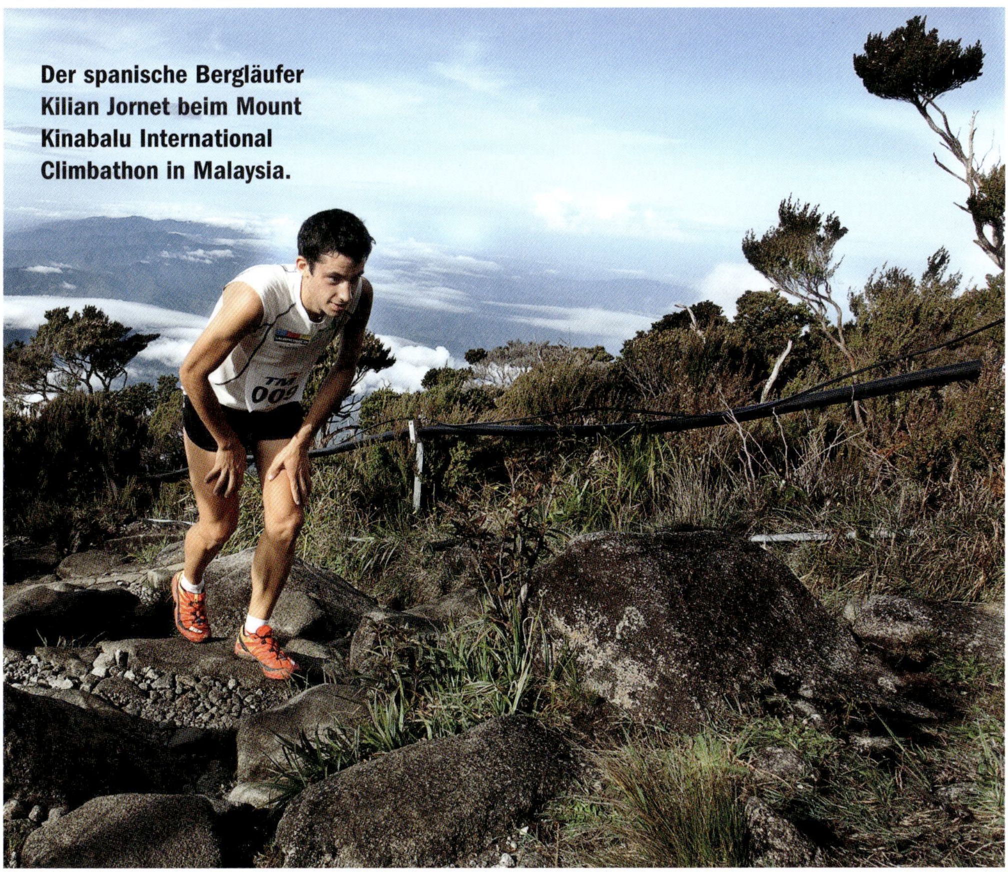

Der spanische Bergläufer Kilian Jornet beim Mount Kinabalu International Climbathon in Malaysia.

WOCHE	1	2
MUSKELTRAINING	wenn möglich	wenn möglich
BARFUSSLAUF	kurze gerade Strecken	kurze gerade Strecken
PROPRIOZEPTIONSÜBUNG	wenn möglich	wenn möglich
FUSS NAH AM BECKENLOT AUFSETZEN	ja	ja
HALTUNG	ja	ja
SCHRITTFREQUENZ	ja	ja
AKTIVE ARME	ja	ja
ANHEBEN DES FUSSES HINTER DEM KÖRPER, BEUGEN DES KNIES	ja	ja
KONZENTRATION AUF DIE HÜFTSTRECKUNG	noch nicht	noch nicht
TRAGEN LEICHTER LAUFSCHUHE	nicht nötig	nicht nötig

WOCHE	7	8
MUSKELTRAINING	wenn möglich	wenn möglich
BARFUSSLAUF	nach Belieben und falls nicht zu unangenehm	nach Belieben und falls nicht zu unangenehm
PROPRIOZEPTIONSÜBUNG	wenn möglich	wenn möglich
FUSS NAH AM BECKENLOT AUFSETZEN	ja	ja
HALTUNG	ja	ja
SCHRITTFREQUENZ	ja	ja
AKTIVE ARME	ja	ja
NACH VOLLSTÄNDIGER UMSTELLUNG	ja	ja
TRAGEN LEICHTER LAUFSCHUHE	30–40 % der wöchentl. Laufzeit	40–50 % der wöchentl. Laufzeit

3	4	5	6
wenn möglich	wenn möglich	wenn möglich	wenn möglich
5 Min. pro Übungseinheit	5 Min. pro Übungseinheit	7 Min. pro Übungseinheit	7 Min. pro Übungseinheit
wenn möglich	wenn möglich	wenn möglich	wenn möglich
ja	ja	ja	ja
ja	ja	ja	ja
ja	ja	ja	ja
ja	ja	ja	ja
ja	ja	ja	ja
noch nicht	noch nicht	ja	ja
5 % der wöchentlichen Laufzeit	5–10 % der wöchentlichen Laufzeit	10 % der wöchentlichen Laufzeit	20–25 % der wöchentlichen Laufzeit

9	10	11	12
wer ein muskuläres Ungleichgewicht spürt	wer ein muskuläres Ungleichgewicht spürt	wer ein muskuläres Ungleichgewicht spürt	wer ein muskuläres Ungleichgewicht spürt
nach Belieben und falls nicht zu unangenehm	nach Belieben und falls nicht zu unangenehm	nach Belieben und falls nicht zu unangenehm	nach Belieben und falls nicht zu unangenehm
wenn möglich	wenn möglich	wenn möglich	wenn möglich
ja	ja	ja	ja
ja	ja	ja	ja
ja	ja	ja	ja
ja	ja	ja	ja
ja	ja	ja	ja
50–60 % der wöchentl. Laufzeit	60–70 % der wöchentl. Laufzeit	80 % der wöchentl. Laufzeit	100 % der wöchentl. Laufzeit

BITTE BEACHTEN!

Bevor Sie zum Programm der jeweiligen Folgewoche übergehen, vergewissern Sie sich, dass Ihre Empfindungen gut und Sie weder verletzt noch zu erschöpft sind. Anfangs kann es in einigen Körperpartien zu leichten Missempfindungen kommen, die sich jedoch nach jeder Übungseinheit rasch legen sollten.

- Schmerz ist kein positives Signal, auch kein Zeichen dafür, dass Ihr Körper sich anpasst – ganz im Gegenteil.
- Erzwingen Sie die Umstellung nicht und hören Sie vor allem auf, wenn während oder nach dem Training starke Schmerzen auftreten, die über einen normalen Muskelkater hinausgehen.

Ich erinnere nochmal daran, dass dieser Plan nur eine Orientierungshilfe sein kann. Alter, sportliche Vergangenheit und sportliche Fähigkeiten sind bei jedem anders, daher ist es völlig normal, wenn einige Läufer die Umstellung in weniger als 12 Wochen schaffen, während andere sehr viel mehr Zeit dafür brauchen.

KAPITEL 6

FRAGEN – ANTWORTEN

Reduziert sich das Verletzungsrisiko durch das Light Feet Running?

Niemand kann für sich behaupten, eine Laufmethode gefunden zu haben, bei der keine Verletzungen mehr auftreten. Alles andere wäre schlicht unseriös. Das liegt daran, dass es die verschiedensten Ursachen für Verletzungen gibt, und alle diese Ursachen hängen nicht nur mit den biomechanischen Merkmalen einer Lauftechnik zusammen, sondern in hohem Maß auch mit der Art und Weise, wie der Sportler trainiert. Selbst mit der am wenigsten traumatisierenden Lauftechnik kann sich ein Läufer verletzen, wenn er sich mehr anstrengt als es seine Fähigkeiten und seine aktuelle Fitness erlauben.

Auch seine Lauftechnik zu korrigieren, um ein biomechanisch höheres Niveau zu erreichen, kann Verletzungen nicht in jedem Fall verhindern. Allerdings ist es sehr wahrscheinlich, dass die neue Lauftechnik die Häufigkeit von Verletzungen reduzieren wird, die direkt mit biomechanischen Fehlern oder Schwächen zusammenhängen. Voraussetzung dafür ist, dass sich der Läufer die Zeit genommen hat, sich gut an die neue Lauftechnik anzupassen.

Da die Mittelfußlauftechnik (Light Feet Running) weniger traumatisierend ist, hilft sie dem Läufer indirekt, sich besser zu erholen. Vergessen Sie jedoch nicht, dass die Regel lauten muss: langsam und maßvoll vorgehen und auf den eigenen Körper hören.

Ein Läufer mit dem sehr ausgeprägten Laufstil eines Geh-Läufers wird sich den neuen Bewegungsablauf des Light Feet Runnings unter psychomotorischen, aber auch muskulären Kriterien aneignen müssen. Insbesondere muss er lernen, seine Gesäßmuskeln und seine ischiocruralen Muskeln sowie seine Bauchmuskulatur und seine Arme zu mobilisieren. Er soll seine Lauftechnik sukzessive verändern, beginnend mit kurzen Strecken und der »Pyramide des Light Feet Running« (Seite 94) folgend.

Welcher Schuhtyp eignet sich am besten?

Gibt es einen Schuh, der dem Light Feet Running ideal angepasst ist? Man liest sehr viel über Laufschuhe und erkennt dabei schnell, dass die vorgebrachten Argumente meist mehr mit Marketing als mit Wissenschaft zu tun haben.

Ich denke, bei der Wahl eines Laufschuhs sollte man auf den gesunden Menschenverstand vertrauen, insbesondere, wenn man sich für das Light Feet Running entschieden hat. Die meisten »klassischen« Laufschuhe sind eher für den Laufstil vom Typ Geh-Läufer konzipiert:

- Sie sind unflexibel (um »faulen« Füßen oder Füßen mit schwacher Muskulatur zu »helfen«).
- Sie haben häufig innen unter dem Fußgewölbe eine Erhöhung (auch dies wieder, um einen Fuß mit schwacher Muskulatur zu unterstützen). Der Nachteil dieser Erhöhung ist, dass sie die Anspannung der Sehnen unter der Fußsohle nicht begünstigen. Damit können die Sehnen nicht die elastische Energie liefern, von der ich bereits mehrfach in diesem Buch gesprochen habe.
- Sie sind in der Regel vorne leicht gebogen (die Schuhspitze geht nach oben), um einem wenig beweglichen Fuß zu Hilfe zu kommen.

Es ist wichtig, diese Details entschlüsseln zu können, wenn es um die Wahl eines Schuhs geht.

Light Feet Running kann in so gut wie jedem Schuh praktiziert werden. Am besten eignet sich dafür ein leichter, flexibler Schuh ohne Stoßdämpfung in der Ferse und mit einer geringen Sprengung.

- **Leicht**

Da zum Light Feet Running das Anheben des Fußes nach hinten gehört, ist ein leichter Schuh von Vorteil. Die Sohle wird hier recht dünn sein. Neben der Leichtigkeit ist eine dünne Sohle noch von weiterer Bedeutung: Sie erlaubt es, den Boden und die Kontaktpunkte mit dem Boden besser zu spüren. Das ist wichtig, denn dies gibt Auskunft über die statischen und dynamischen Parameter der Kräfte, die beim Aufkommen auf dem Boden ins Spiel kommen. Dies hilft, sich besser zu positionieren, sich besser auszubalancieren und bessere Kontaktpunkte zu finden. Auf diese Weise kann das Zentralnervensystem alle taktilen Informationen aus der Fußsohle aufnehmen, was dazu beiträgt, angemessene Muskelbewegungen zu initiieren.

- **Flexibel**

Für die Lauftechnik Light Feet Running ist kein System nötig, das die Torsionsbewegung des Fußes einschränkt, da wir uns hier die Plastizität und Flexibilität der Fußgelenke zunutze machen. Der Fuß verdreht sich ganz natürlich und leicht in dem Moment, indem er Bodenkontakt bekommt, um dem Läufer eine sehr stabile Stütze zu verschaffen. In diesem Moment platziert sich der Fuß dank seiner mechanischen und anatomischen Eigenschaften ganz natürlich in einer leichten Torsion.

Der Schuh muss daher sowohl in der Breite als auch in der Länge flexibel sein und sich etwa im vorderen Drittel problemlos biegen können (siehe die Abbildung auf der nächsten Seite).

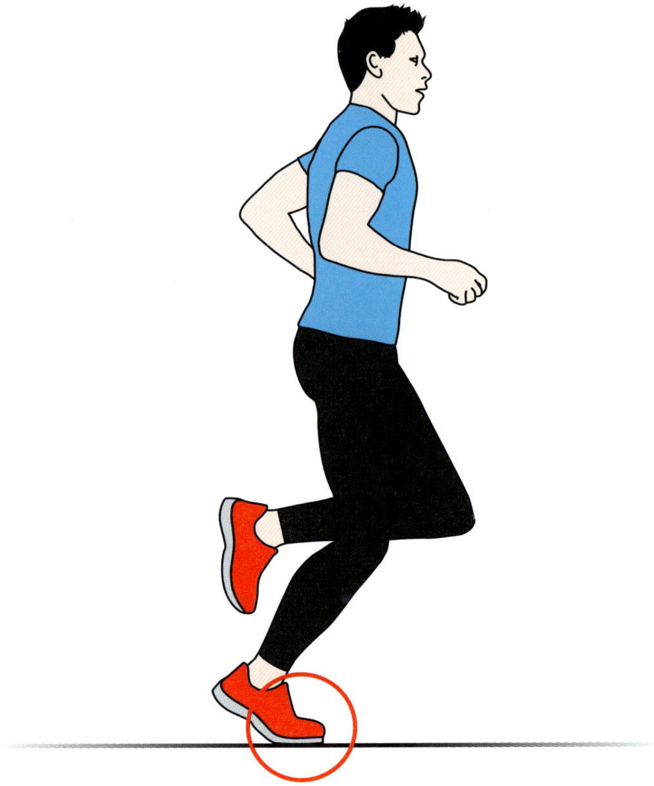

- **Ohne Stoßdämpfung**

Für das Light Feet Running brauchen wir weder eine Stoßdämpfung unter der Ferse noch eine sehr ausgeprägte Stütze für das Fußgewölbe. Man muss bedenken, dass der Fuß beim Light Feet Running beinahe horizontal auf den Boden aufsetzt: das macht eine Stoßdämpfung unter der Ferse nebensächlich, um nicht zu sagen unnötig.

- **Geringe Sprengung**

Ein Schuh mit geringer Sprengung (auf Englisch: *drop;* gemeint ist der Höhenunterschied zwischen Ferse und Vorfuß) eignet sich besser für das Light Feet Running: höchstens 4–6 mm drop genügen (die klassischen Laufschuhe haben meist einen drop über 10 mm). Eine geringe Sprengung hat zudem den Vorteil, die Stabilität des Schuhs zu erhöhen und damit den Halt zu verbessern.

Mein Rat

- Aus all diesen Gründen sind die leichten Schuhe, die es auf dem Markt gibt (auf Englisch nennt man sie häufig *Racing Flat*) sowie Minimalschuhe, die von einigen Ausstattern und Fachgeschäften für einen natürlichen Laufstil angeboten werden, bestens für das Light Feet Running geeignet. Diese Schuhe wiegen in der Regel etwa 200 g.
- Auch wenn man diesen Laufstil mit jedem Schuhtyp praktizieren kann, ist es jenseits des ersten Stadiums (Jogging-Tempo) vorzuziehen, sich nicht auf zu unflexible und zu schwere Schuhe zu beschränken. Dies würde einem einen Großteil des Laufvergnügens nehmen und könnte außerdem zu Gelenkproblemen führen.
- Aber Vorsicht: Solange das Light Feet Running noch nicht beherrscht wird, kann es riskant sein, auf leichte Schuhe zu wechseln. Besser ist es in diesem Fall, sukzessive und entsprechend der Fortschritte im Light Feet Running auf leichte Schuhe zu wechseln oder anfangs einfach kurzzeitig immer mal wieder barfuß zu laufen, um sich mit dem Aufsetzen des Mittelfußes vertraut zu machen.
- Einige Mittelfußläufer schätzen es auch, wenn der Schuh den Zehen recht viel Platz lässt, damit das Aufsetzen auf dem Mittelfußbereich nicht durch einen engen Schuh gestört wird.
- Profi-Light-Feet-Runner verwenden alle den leichten Schuhtyp. Es gibt eine große Auswahl an diesen Schuhen, die seit ein oder zwei Jahren von beinahe allen Herstellern angeboten werden. Einige Marken haben sich sogar auf Schuhe für Mittelfußläufer spezialisiert, etwa die Marke Altra, die flexible Modelle ohne Sprengung *(zero drop)* und mit sehr breiter Vorfußpartie entwickelt hat, um den Füßen vollständige Bewegungsfreiheit und mühelose Streckung beim Aufkommen auf dem Boden zu gewähren (siehe die Fotos auf der nächsten Seite).
- Wie soll man bei dieser großen Auswahl an Schuhen die richtige Wahl treffen? Sie müssen selbst herauszufinden, welches Modell für Ihre Fußform am besten

geeignet ist, welche Ihnen die besten Empfindungen verschafft und für Sie erschwinglich ist. Beachten Sie auch, dass Sie zu Beginn der Umstellung durchaus Minimalschuhe und Maximalschuhe im Wechsel tragen können. Meine Erfahrung hat mir gezeigt, dass die meisten Läufer, die ihre Lauftechnik auf das Light Feet Running umstellen, letztlich ihre alten Maximalschuhe ausmustern.

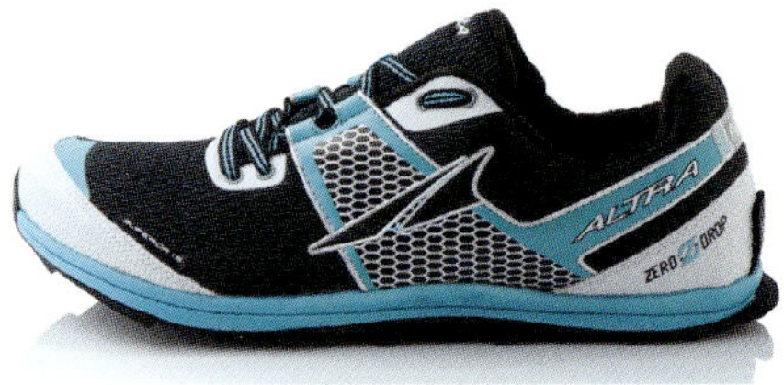

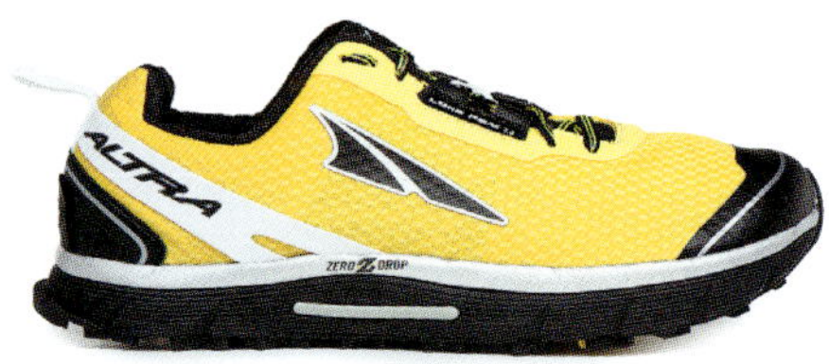

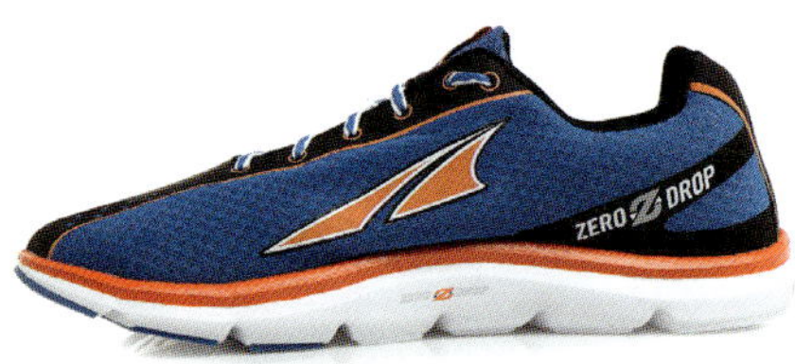

- Ein weiterer wichtiger Punkt ist es, einen stabilen Schuh zu wählen. Das heißt: Der Läufer soll einen stabilen Halt auf dem Boden haben, denn bei instabilem Halt verliert er an Leistung und kann sich durch störende Bewegungen in den Gelenken sogar eine Verletzung zuziehen. Hüten Sie sich daher vor zu flexiblen Sohlen. Lassen Sie sich nicht von der scheinbaren Bequemlichkeit sehr flexibler Sohlen, die sich leicht verformen, täuschen, denn dieser Sohlentyp kann für störende Bewegungen verantwortlich sein, die das Gleichgewicht beeinträchtigen und langfristig die Gelenke ermüden sowie das Verletzungsrisiko erhöhen.

• Für die Wahl Ihrer Schuhe empfehle ich Ihnen die ausgezeichnete Website des Quebecer Physiotherapeuten Blaise Dubois (www.lacliniqueducoureur.ca; auf Französisch, Englisch und Spanisch), der viele Schuhmodelle rezensiert, von denen eine ganze Menge meiner Beschreibung des idealen Schuhs für das Light Feet Running entsprechen: leicht, mit wenig Stoßdämpfung unter der Ferse, querelastisch und mit geringer Sprengung

• **Was ist zu tun, wenn man orthopädische Einlagen trägt?**

Das Tragen orthopädischer Einlagen ist für den Mittelfußlauf nicht angezeigt. Diese Einlagen sollen zumeist Fehler der Fußstellung beim Aufsetzen auf den Boden kompensieren. Nun hat aber der Mittelfußlauf das Ziel, die Plastizität und Flexibilität des Fußes zu nutzen, um dem Läufer einen guten Halt zu ermöglichen. Ich empfehle Trägern orthopädischer Einlagen deshalb, mit einem Fachmann (Podologe, Physiotherapeut, Osteopath ...) darüber zu sprechen, ob es nötig ist oder nicht, die Einlagen beizubehalten.

Ich bin mehreren Läufern begegnet, die erfolgreich und ohne sich zu verletzen auf ihre orthopädischen Einlagen verzichteten, nachdem sie auf das Light Feet Running umgestellt hatten. Einer davon stellte sich nach einer langen Verletzungsphase und dem Tragen orthopädischer Einlagen auf das Light Feet Running um. Nach einer mehrmonatigen Übergangsphase mit New Balance Minimus-Schuhen erwies sich die Umstellung auf Mittelfußlauftechnik für ihn als absolut segensreich. Sechs Monate, nachdem er mit der Umstellung begann, läuft er inzwischen in Altra- Schuhen und hat seine eigenen Rekordzeiten im Halbmarathon sowie über 10 km übertroffen. Er ist glücklich, seine orthopädischen Einlagen aufgegeben zu haben, und bestätigte mir, dass er heute sehr viel Freude am Laufen hat.

Doch wie gesagt: Jeder Fall ist anders, und jeder Läufer muss seine Situation mit einem sachkundigen Fachmann besprechen.

Brauchen wir eine Übergangsphase?

Ja, das Light Feet Running verlangt eine Lernphase und ein Konditionstraining. Wie lange diese Phase dauert, ist von Läufer zu Läufer sehr unterschiedlich. Meinen Umfragen zufolge kann sie bei einem regelmäßigen Läufer (mindestens zwei bis dreimal pro Woche) zwischen zwei und sechs Monaten dauern.

Die Umstellung auf das Light Feet Running beinhaltet zwei Phasen. Zuerst muss der Läufer die neue Technik erlernen, wobei er sein neuromuskuläres System an die neuen Empfindungen gewöhnt und die Verbindungen herstellt, durch die die geeigneten Muskeln während eines Schrittes (räumlich und zeitlich) aktiviert werden. Parallel dazu muss der Läufer seine Muskulatur entwickeln, um sie an die neue Lauftechnik anzupassen.

Unter muskulärem Gesichtspunkt verlangt das Light Feet Running vom Läufer, seine Gesäßmuskulatur und seine ischiocrurale Muskulatur zu kräftigen. Bei einigen Läufern wird dies sogar eine allgemeine Haltungsänderung mit sich bringen. Muskelkräftigung und Haltungsänderung werden je nach Person, Alter und Muskulatur mehr oder weniger leicht gelingen.

Unter dem Gesichtspunkt der motorischen Muster verlangt diese Lauftechnik insofern einen Lernprozess, als sie eine andere Synchronisierung und einen anderen Bewegungsablauf als beim Geh-Läufer erfordert.

Allerdings geht die Umstellung auf das Light Feet Running sehr viel schneller (zwei bis sechs Monate) als die Umstellung auf den Barfußlauf, die häufig ein bis zwei Jahre lang dauern kann!

Das Barfußlaufen verlangt eine tiefgreifendere Anpassung des Fußes, um auf allen Oberflächen laufen zu können, auch auf den anspruchsvollsten.

Bedeutet Light Feet Running, »minimalistisch« zu laufen?

Nein. Minimalismus- und Mittelfußlauf werden zwar manchmal miteinander verwechselt, unterscheiden sich jedoch in wesentlichen Punkten. Beim Minimalismus geht es darum, barfuß oder mit extrem leichten Schuhen zu laufen. Beim Mittelfußlauf (Light Feet Running) haben wir es dagegen mit einer umfassenderen Lauftechnik zu tun, zu der die Einhaltung gewisser Regeln gehört. Light Feet Running umfasst den Bewegungsablauf, die Haltung und eine besondere Bewegungsbahn.

Wenn man keine oder sehr leichte Schuhe ohne Stütze oder Stoßdämpfung trägt, braucht man natürlich auch eine dementsprechende Lauftechnik und hat jedes Interesse, die Prinzipien des Mittelfußlaufs zu respektieren, um zu verhindern, dass die Ferse ungebremst auf den Boden trifft. Man kann auch komplett auf dem Vorfuß laufen, d.h. ohne die Ferse auf den Boden zu setzen. Es ist aber durchaus möglich, den Minimalismus zu praktizieren, ohne deshalb eine gute Mittelfußlauftechnik zu haben. Um sich davon zu überzeugen, muss man sich nur die Bilder bestimmter Barfußläufer ansehen.

Umgekehrt gibt es allerdings auch sehr viele Läufer auf hohem Niveau, die sich an die Mittelfußlauftechnik (Light Feet Running) halten, ohne zugleich einen Minimalismus zu praktizieren. Sie laufen weder barfuß noch mit extrem leichten Schuhen ohne Stütze oder Stoßdämpfung.

Die grundlegende Technik des Light Feet Runnings gibt es schon länger als die Mode des minimalistischen Laufens. Viele Elite-Marathonläufer der 1970er-Jahre, die bereits mit Schuhen liefen, die man heute als »Minimalschuhe« bezeichnen würde, hatten eine Lauftechnik, die dem heutigen Light Feet Running sehr nahe kam. Dies gilt beispielsweise für Frank Shorter, den Gewinner der Goldmedaille im Marathonlauf bei den Olympischen Spielen 1972 in München.

Light Feet Running ist zwar an sich keine minimalistische Lauftechnik, mit dieser jedoch perfekt kompatibel.

Läufer, die den minimalistischen Lauf praktizieren möchten, haben sicher viel zu gewinnen, wenn sie das Light Feet Running beherrschen.

Kommt das Light Feet Running dem »natürlichen« Laufen gleich?

Um diese Frage zu beantworten, muss dieses »natürliche« Laufen zuerst genau definiert werden. Beobachtet man, wie ein Kind läuft, so kann man feststellen, dass in seinem Laufstil viele Prinzipien des Light Feet Runnings zu finden sind. Ist das eine »natürliche« Lauftechnik? Die Lauftechnik eines Kindes? Auch wenn diese Lauftechnik für ein Kind »natürlich« ist, ist sie das für einen Erwachsenen oder Jugendlichen keineswegs: Kein untrainierter Erwachsener oder Jugendlicher wird »von Natur aus« wie ein Kind laufen.

Der Grund dafür hängt sehr wahrscheinlich mit der unterschiedlichen Morphologie zusammen. Die Beine des Kindes sind sehr viel kürzer und leichter im Vergleich zu seinem übrigen Körper. Dem Kind fällt es daher wesentlich leichter, seine Beine zu bewegen. Der Erwachsene hat hingegen schwere Beine, die eine ganz spezielle Muskulatur brauchen, um mit Leichtigkeit und ausreichender Schrittlänge bewegt zu werden.

Wenn unter »natürlich« eine in Bezug auf die menschliche Anatomie biomechanisch richtige Lauftechnik verstanden wird, dann ist das Light Feet Running tatsächlich eine »natürliche« Lauftechnik.

»Natürliches« Laufen entspricht beim Sportler in etwa dem, was im Theater oder im Film das »natürliche« Spiel eines Schauspielers ist. Jemand, der nicht überdurchschnittlich begabt ist, muss nämlich eine Menge lernen und viele Stunden lang trainieren, um so laufen zu können, dass der Eindruck großer Leichtigkeit (oder »Natürlichkeit«) entsteht.

Ist das Light Feet Running mit jedem Lauftempo vereinbar?

Diese Mittelfußlauftechnik ist (mit Ausnahme vielleicht von Sprint und Mittelstreckenlauf, die ein stärkeres Anheben der Knie verlangen) mit jedem Lauftempo vereinbar. Sie eignet sich sogar zum langsamen Joggen, mit dem einzigen Unterschied, dass der Läufer dabei den hinteren Fuß nur leicht anhebt.

Bei Einhaltung der Regeln des Light Feet Runnings wird der Läufer ein *overstriding* (siehe Seite 67) vermeiden, die Schwerkraft bestmöglich nutzen und jeden Schritt entlasten, wobei er seine Muskulatur und seine Haltung harmonisch kräftigt. Den meisten Nutzen bringt das Light Feet Running offenkundig in etwas schnellerem Tempo.

Werden wir durch das Light Feet Running schneller laufen können?

Laufen ist eher eine bioenergetische als eine biomechanische Aktivität: Diese verlangt vorrangig einen Energieaufwand, erst dann eine gute Technik. Anders als beim Schwimmen, bei dem die Technik ausschlaggebend ist, ist die Technik also beim Laufen nicht der wichtigste Faktor. Dennoch dürften sich gewisse technische Aspekte des Light Feet Runnings in einem Tempogewinn bemerkbar machen:

- **Die bessere Nutzung der Hüftstreckung** ermöglicht die Vergrößerung der Schrittlänge. Ein Läufer, der mit jedem Schritt einige Zentimeter gewinnt, läuft dadurch schneller.
- **Die aktive Armarbeit**, die von Amateurläufern häufig vernachlässigt wird (außer auf höchstem Niveau), bringt ebenfalls einen Vorteil im Sinn von höherem Tempo.
- **Die Steigerung der Schrittfrequenz**: Das Light Feet Running empfiehlt eine relativ hohe Schrittfrequenz in der Größenordnung von 176 Schritten pro Minute. Für Läufer, die sich dieser Frequenz anpassen, ist dies ebenfalls ein Tempofaktor.

Man sollte dennoch nicht in ein Schwarz-Weiß-Denken verfallen und anerkennen, dass es ausgezeichnete Geh-Läufer gibt, die ihre Technik zu höchster Professionalität und Perfektion gebracht haben. Beispielsweise habe ich am Anfang des Buches die russische Marathonläuferin Ludmila Petrova erwähnt, die einen sehr flachen Laufstil praktiziert und den Fuß mit der Ferse zuerst aufsetzt. Man kann auch eine Generation sehr leistungsstarker chinesischer Marathonläuferinnen aus den 1990er-Jahren nennen, die einen sehr flachen Laufstil übernommen hatten, ohne oder fast ohne Einsatz der Arme. Dies ist ein Beweis dafür, dass es nicht unbedingt einen Zusammenhang zwischen Lauftechnik und Geschwindigkeit geben muss.

Auch wenn man als Geh-Läufer sehr schnell laufen kann, gilt dennoch, dass bei dieser Technik schneller eine Stagnation der Leistung erreicht wird, wobei der entscheidende einschränkende Faktor das Aufsetzen mit der Ferse ist. Ein Geh-Läufer, der schneller laufen will, muss entweder seine Schrittlänge nach vorne vergrößern oder die Schrittfrequenz steigern. Aber je mehr er seine Schrittlänge vergrößert, desto mehr wird auch sein Körper belastet und seine Leistung bald stagnieren – oder der Läufer zieht sich eine Verletzung zu.

Für den Geh-Läufer kommt irgendwann der Moment, in dem eine weitere Vergrößerung der Schrittlänge mit seiner Anatomie nicht mehr vereinbar ist und zur Verletzungsquelle wird. Dagegen erlaubt es die Lauftechnik des Light Feet Runnings, die Schrittlänge zu vergrößern, ohne dem Körper zu schaden.

Beim Triathlon hat die Mittelfußlauftechnik (Light Feet Running) den Vorteil, andere Muskelgruppen zu beanspruchen als das Radfahren. Für den Triathleten, dessen Quadrizeps-Muskulatur nach 180 km Radfahren sehr erschöpft ist, bedeutet es eine Erleichterung, in der Mittelfußlauftechnik zu laufen und dabei eher seine Gesäßmuskeln, seine ischiocruralen Muskeln, seine Arme und seine Bauchmuskeln zu beanspruchen. Zudem kann es sich bei langen Wettkämpfen wie dem Triathlon nur günstig auswirken, wenn der Aufprall verringert wird, indem der Fuß nah am Körperschwerpunkt und leicht aufgesetzt wird. Alles in allem ist es deshalb auch kein Wunder, dass sich die schnellsten Läufer bei dieser Art von Wettkampf (etwa die Australier Craig Alexander und Mirinda Carfrae) für das Light Feet Running entschieden haben.

Wie gut bewältigen wir Steigungen und Gefälle?

Bei Steigungen wird sich der Läufer auf den Vorfuß verlegen müssen und dabei immer versuchen, seine Gesäßmuskeln und seine Arme gut einzusetzen. Der Mittelfußlauf eignet sich tatsächlich sehr gut für Steigungen. Beim Klettern ist es natürlich, den Vorfuß zu belasten. Der Läufer leistet vermehrte Arbeit mit der Beinvorderseite (Kniehebung), und der Fuß wird kräftiger am Boden abgestützt (um die elastische Abprallkraft zu verstärken). So eignet sich der Mittelfußlauf perfekt und ganz natürlich für den Traillauf. Viele ausgezeichnete Trailläufer übernehmen wegen der Steigungen (bewusst oder unbewusst) eine Lauftechnik mit Betonung auf dem Mittelfuß: der Spanier Kilian Jornet, der US-Amerikaner Anton Krupicka, der Franzose François d'Haene ...

Light Feet Running eignet sich auch gut für leichte Gefälle. Dabei ist es technisch richtig, mit dem Körper zum Gefälle den gleichen Winkel beizubehalten wie zu einer ebenen Strecke. Der Läufer wird daher seinen gesamten Körper nach vorne neigen, um senkrecht zur Neigung zu bleiben. Er wird den Fuß fast hinter seinem Beckenlot aufsetzen und automatisch beschleunigen, indem er seine Füße ohne Anstrengung (also ohne sich zu bremsen) laufen lässt. Er muss nicht auf der Ferse landen und sich daher auch nicht nach hinten lehnen. Anfangs mag es gefährlich erscheinen, eine solche Beschleunigung zuzulassen, aber bei einem leichten Gefälle ist dies technisch richtig.

Wenn die Geschwindigkeit bei einem Gefälle zunimmt und man den Mittelfußlauf beibehalten möchte, muss man versuchen, die Schrittfrequenz zu erhöhen, nicht die Schrittlänge zu vergrößern. Durch eine Vergrößerung der Schrittlänge nach vorne würde man den Fuß vor dem Körper und auf der Ferse aufsetzen. Der Bodenkontakt mit dem Mittelfußbereich ist etwas deutlich anderes.

Bei starkem Gefälle lässt sich aus biomechanischen Gründen der Mittelfußlauf nicht perfekt anwenden, sodass eine Anpassung des Light Feet Runnings erforderlich ist. Gelegentlich ist die vom Skifahren inspirierte Technik geboten (der Läufer geht in die Schräge, das Becken leicht zur Seite und nicht senkrecht zum Gefälle). Andere ziehen es vor, den Oberkörper zum Gefälle zu neigen. Jeder sollte seine Technik je nach seinen muskulären Möglichkeiten und seinem Grad der Erschöpfung finden.

Hilft Light Feet Running gegen Wadenschmerzen?

Die meisten Light Feet Runner konnten einen direkten Effekt auf ihre Wadenschmerzen beobachten: Diese ließen nach oder verschwanden sogar. Verantwortlich dafür sind zwei Faktoren: Der erste hat damit zu tun, dass die Wade beim Light Feet Running nicht angespannt werden muss, um zu verhindern, dass die Ferse überhaupt nicht den Boden berührt – nur Anfänger im Mittelfußlauf versuchen mit einer Art »Ballerina«-Laufstil das Auftreten auf den Fußspitzen zu erzwingen. Der zweite, meiner Ansicht nach ebenso wichtige Faktor betrifft die Beanspruchung der Hüfte. Eine der Hauptempfehlungen für die Umsetzung des Light Feet Runnings besteht darin, zu lernen, wie man das Hüftgelenk gut nutzt und dafür die Gesäßmuskulatur ins Spiel bringt. Sobald Sie für Ihre Vorwärtsbewegung die Gesäßmuskulatur mobilisieren, muss die Wadenmuskulatur weniger arbeiten. Diese Verlagerung des Antriebs in Richtung Becken zwingt Sie dazu, das Hüftgelenk, die Gesäß- und die Bauchmuskeln zu nutzen, und es führt zu einer besseren Entspannung der Waden, die Ihnen dies sehr danken werden. Mit anderen Worten: Sobald Sie es verstehen, Ihre Hüfte gut zu nutzen, sind Ihre Waden auf dem Weg der »Heilung«.

In den einschlägigen Foren findet man viele Kommentare von Läufern, die beginnen, auf dem Vorfuß zu laufen und sich schnell über einen Mangel an Ausdauer Ihrer Waden beklagen, was sie in ihren Fortschritten gewaltig einschränkt.

Wenn man von Natur aus ein Geh-Läufer ist, versteht man es in der Regel nicht, die Hüftstreckung einzusetzen, und auch nur recht wenig, die Gesäßmuskeln zu nutzen. Beginnt man damit, auf dem Vorfuß zu laufen, wird man daher die Waden anstelle der Gesäßmuskeln (oder der Quadrizeps-Muskulatur beim echten Geh-Läufer) als Antrieb nutzen. In diesem Fall ermüden die Waden. Die Wadenmuskeln sind keine sehr ausdauernden Muskeln (im Gegensatz zu den Gesäßmuskeln). Will man das Problem durch Lockerungs- oder Kräftigungsübungen für die Wadenmuskeln korrigieren, führt dies in der Regel in eine Sackgasse.

Dieser Punkt wird meines Erachtens in der Literatur über den minimalistischen Laufstil nicht ausreichend zur Sprache gebracht: Das Ermüden der Waden ist auch beim Barfußlauf ein Problem, denn es ist auf jeden Fall einfacher, sich beim Laufen in Schuhen auf die Arbeit der Hüfte zu konzentrieren, als beim Barfußlauf. Beschränkt man den Bodenkontakt der Ferse zu stark (wie man es häufig als Anfänger im Barfußlauf macht), gelingt es einem nicht, die Gesäßmuskulatur ausreichend zu aktivieren.

Die wichtige Rolle der Gesäßmuskulatur für die Entlastung der Waden wird auch in dem Buch »Anatomy for runners« von Dr. Jay Dicharry sehr deutlich erwähnt. Darin schreibt er: »Stellen wir uns einen Läufer vor, der die Kraft seiner Gesäßmuskeln nicht nutzt. Das Laufen in einem gewissen Tempo erfordert eine gewisse Kraft. Die Gesäßmuskeln gehören zu den Hauptakteuren, die die Hüftstreckung erlauben, aber wenn Sie sie nicht nützen, muss die Kraft von anderen Muskeln kommen. Zu diesen Muskeln gehören die Wadenmuskeln. Ich habe viele Läufer gesehen, die an einer Tendinitis der Achillessehne litten, ohne Probleme mit der Stabilität von Fuß oder Knöchel zu haben. Ihr Problem lag weiter oben in der Bewegungskette. Da es ihnen nicht gelang, dank ihrer Hüften Energie zu speichern und abzugeben, wurden die Wadenmuskeln übermäßig beansprucht. Dieses Problem lässt sich durch kein Stretching, kein Muskeltraining und keine Kräftigung der Sprunggelenke lösen.«

Erfahrungsberichte und Studien über die Praxis eines minimalistischen Laufstils mit sehr leichten Schuhen oder barfuß haben gezeigt, dass es vor allem im Bereich von Wade und Achillessehne ein Verletzungsrisiko gibt. Dies ist beim Light Feet Running in der Regel nicht der Fall. Wenn Sie meine Ratschläge befolgen, dürfte es zu keiner übermäßigen Beanspruchung der Waden kommen. Achten Sie auf die von mir befürwortete Bewegung in drei Phasen:

- Der Fuß wird angehoben und ...
- ... horizontal nach vorne gebracht,
- der Mittelfußbereich setzt beinahe horizontal auf dem Boden auf, immer gefolgt von einem Absetzen der Ferse.

EUREKA!

Die einzige Quelle des Wissens ist die Erfahrung«, meinte einst Albert Einstein. Es liegt also an jedem Einzelnen, sich die Ratschläge in diesem Buch anzueignen, sie für sich zu verarbeiten, in die Tat umzusetzen, der eigenen Praxis anzupassen und sie dabei dann auch in individuelles Wissen zu verwandeln.

Lauftechnik ist kein starrer Begriff, und niemand sollte von sich behaupten, über die absolute Wahrheit zum Thema Lauftechnik zu verfügen. Mit diesem Buches hoffe ich dem Leser wie der Leserin einen Leitfaden an die Hand gegeben zu haben, der zu einem besseren Verständnis für die Funktionen des Körpers verhilft, mit der Biomechanik vertraut macht, die Bedeutung einer anatomisch korrekten Lauftechnik vermittelt sowie neue und bessere Empfindungen erschließt.

Zum Glück kann ich in meiner Arbeit auf zahlreiche Erfahrungsberichte von Läufern zurückgreifen, die meine Ratschläge bereits in die Tat umgesetzt haben. Einige schickten mir Videoaufzeichnungen ihres Laufstils, und dabei machte ich die folgende Beobachtung: Obgleich alle diese Läufer meine Ratschläge beachten, ist kein Laufstil mit einem anderen genau identisch. Aber das wundert mich nicht: Es ist und bleibt eben wirklich die Aufgabe jedes Einzelnen, den Bewegungsablauf zu finden, der ihm zusagt, und diesen zu optimieren. Aber wenn Sie nach der Lektüre dieses Buch zum Training gehen und anschließend mit einem Lächeln auf den Lippen nach Hause kommen, glücklich darüber, beim Laufen diese fabelhafte Mechanik Ihres Körpers besser genutzt zu haben, dann habe ich zu guter Letzt mein Ziel erreicht.

Gut, besser, am besten

Die besten Athleten berichten häufig, dass sie sich auch im Wettkampf sehr stark auf ihre Technik konzentrieren, damit sich diese nicht verschlechtert. Unabhängig von Ihrem Leistungsniveau können Sie nur gewinnen, wenn Sie es genauso machen. Auch wenn es stimmt, dass sich die Lauftechnik mit den Jahren verändert (als Zwanzigjähriger läuft man anders als mit 50 Jahren), ist dies kein Grund, nicht zu versuchen, an einer Verbesserung dieser Technik zu arbeiten. Dies ist in beinahe jedem Alter möglich!

Freude am Laufen

Ich hoffe, dass die praktische Umsetzung des Light Feet Runnings auch all jenen neue Horizonte eröffnen wird, die sich dazu verurteilt glauben, Verletzungen hinnehmen, ohne große Freude laufen zu müssen oder in ihren Leistungen zu stagnieren. Ich wünsche Ihnen Erfolg dabei, sich Ihre eigene Lauftechnik zu erarbeiten, die Ihrer Praxis, Ihrem Alter und Ihrer körperlichen Kondition angemessen ist.

Es gehört definitiv zum Laufvergnügen, die eigenen Empfindungen beim Laufen zu vertiefen. Und dieses Vergnügen ist umso größer, wenn die Zeitmessung das eine oder andere Empfinden, die eine oder andere Bewegung, die eine oder andere Wahrnehmung der persönlichen Lauftechnik bestätigt.

UNTERWEGS ZU NEUEN EMPFINDUNGEN

Eine Besonderheit des Mittelfußlaufs (Light Feet Running) ist es, dass er dem Läufer neue Empfindungen schenkt, die elastische Energie mit ins Spiel bringt und den Oberkörper aktiv mit einbezieht.

Der Läufer wird manchmal den Eindruck haben, sich wortwörtlich tragen zu lassen, wenn sein Körper ohne bewusste Anstrengung während einiger Schritte leicht beschleunigt. Diese Empfindungen sind ein Zeichen dafür, dass das Light Feet Running während einiger Momente perfekt funktioniert hat. So entspannt zu laufen und dabei die inhärenten biomechanischen Fähigkeiten des Körpers zu nutzen, gehört zu den überaus angenehmen Empfindungen, die diese Lauftechnik so gut zu verstärken versteht.

Abschließend wünsche ich Ihnen nun, unabhängig von jeder Zeitmessung, dass Sie mehr Freude am Laufen gewinnen und es so lange praktizieren können, wie Sie sich das wünschen.

Und nun ziehen Sie am besten gleich Ihre Laufschuhe an und legen los!

Ich wünsche Ihnen ein ausgezeichnetes Light Feet Running!

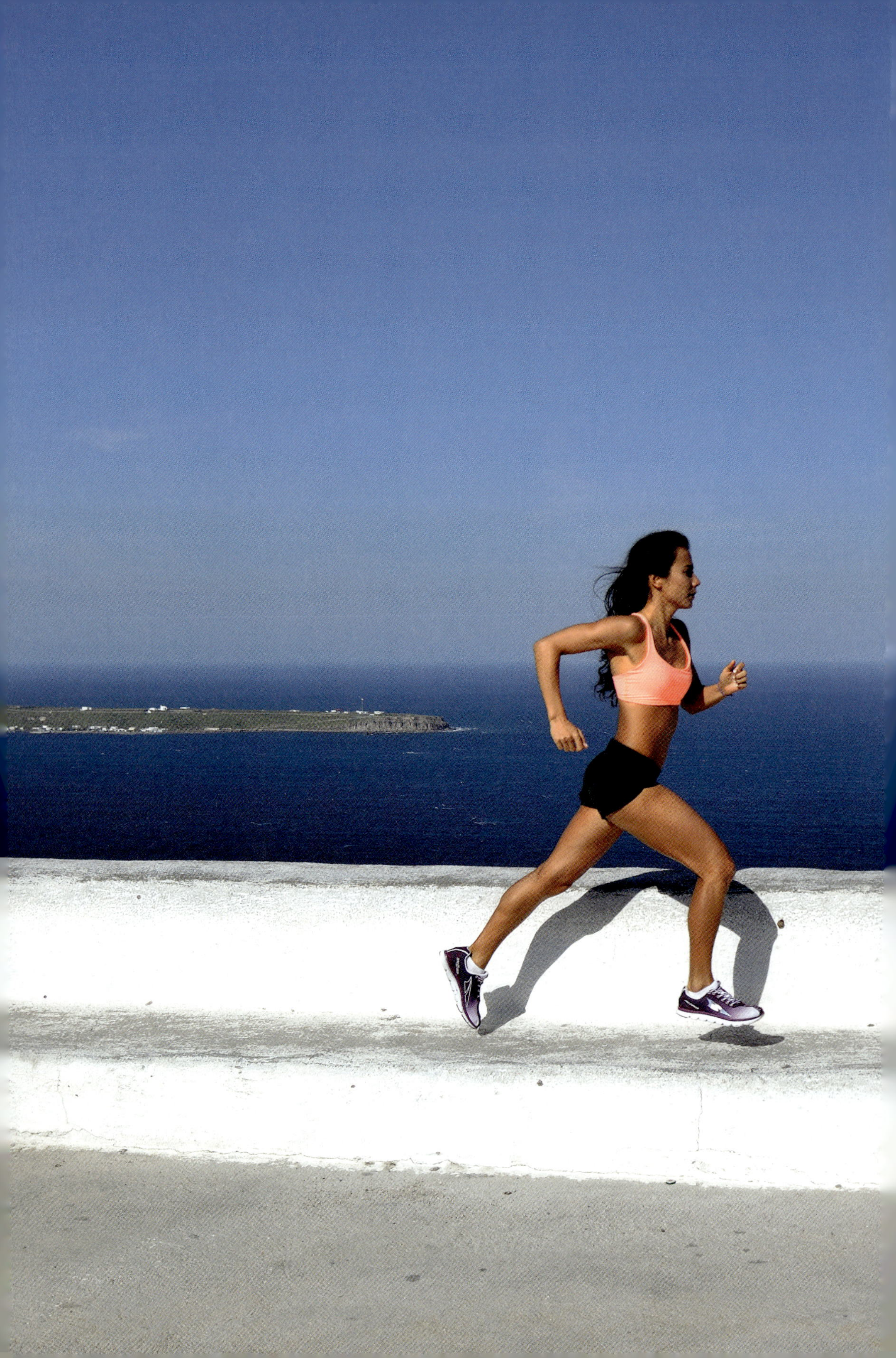

ANHANG

SPEZFISCHES MUSKELTRAINING FÜR DAS LIGHT FEET RUNNING

Light Feet Running bringt eine verstärkte Mobilisierung bestimmter Muskelgruppen mit sich. Es beansprucht Muskeln, die bei Ausdauerläufern manchmal nur wenig entwickelt sind, insbesondere die ischiocrurale und die Gesäßmuskulatur.

Wenn es diesen Muskeln bei Ihnen an Kraft und Tonus mangelt oder Sie über 40 Jahre alt sind, rate ich Ihnen, diese Muskeln mit spezifischen Übungen zu kräftigen. Davon gibt es eine Menge – die hier aufgeführten haben den Vorteil, einfach zu sein und keine Ausrüstung erfordern (außer einem einfachen Kettlebell).

• **Im Alltag**. Eine erste, ganz einfache Sache ist es, dass Sie sich angewöhnen, Ihre Gesäßmuskeln und Ihre ischiocrurale Muskulatur im Alltag beim Gehen zu fordern. Beim Gehen denkt man nur selten daran, das Bein nach hinten zu strecken, während man sich fortbewegt. Man neigt vor allem dazu, das Bein kräftig nach vorne zu bringen. Geben Sie Ihren Schritten von hinten etwas mehr Länge (indem Sie Ihre Hüfte etwas mehr strecken), das kann Ihnen helfen, diesen Bewegungsablauf in Ihre Lauftechnik zu integrieren, sobald Sie Ihre Laufschuhe an den Füßen haben.

- **Vorbeuge auf einem Bein**. Diese Übung kräftigt die Gesäßmuskeln, die ischiocruralen Muskeln und die Bauchmuskeln sowie die Quadrizeps-Muskeln. Aus dem Stand (mit vor dem Körper gebeugten Knie) das Bein nach hinten strecken. Hierbei soll der Oberkörper nicht abknicken und das Knie nicht nach vorne kommen (das Schienbein des Standbeins bleibt vertikal); sonst würden die Quadrizeps-Muskeln zu sehr beansprucht, was nicht das Ziel dieser Übung ist.

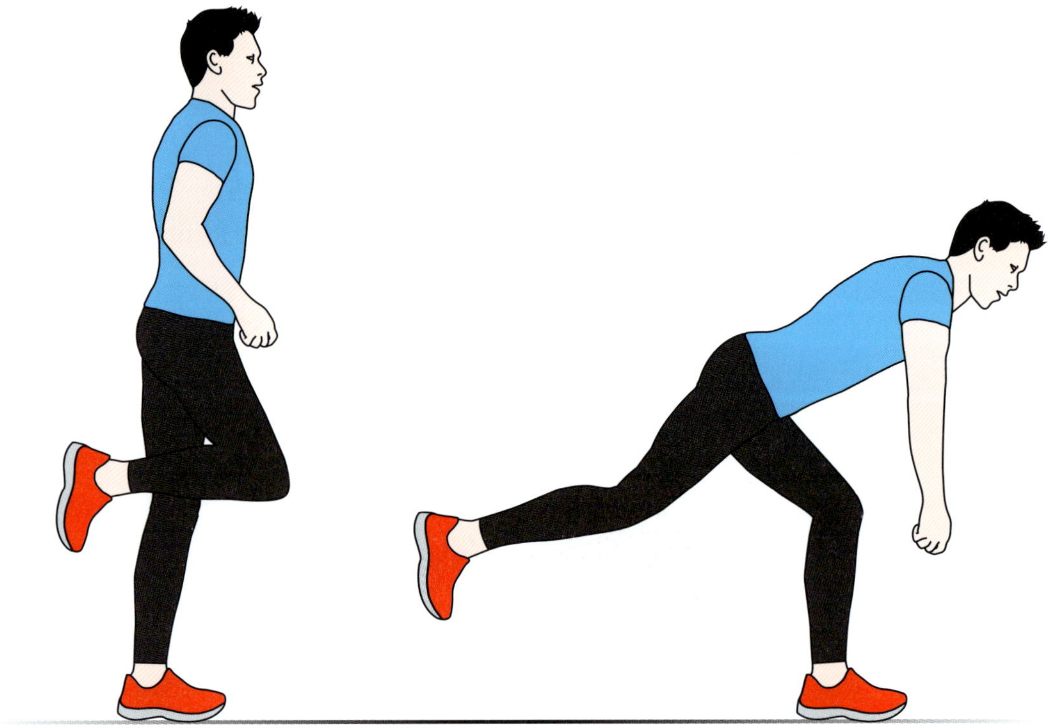

• **Schräges Brett**. Hier wird das Becken im Liegen auf dem Boden mit angebeugtem Knie und den Händen auf der Brust angehoben, wie in der Abbildung unten ersichtlich. So werden die Gesäßmuskeln, die ischiocruralen und die Bauchmuskeln gekräftigt. Es ist darauf zu achten, im Rücken nicht abzuknicken (vor allem nicht bei Schmerzen im Lendenbereich). Man kann entweder beide Füße am Boden stehen lassen oder, um die Übung schwieriger zu machen, das Becken nur mit der Kraft eines Beines heben und das andere Bein gestreckt lassen. Beanspruchen Sie dabei die Muskeln des unteren Rückens nicht zu stark – die Gesäßmuskeln sollen sich am stärksten anspannen. Letztere sind es auch, die beim Laufen für den Antrieb sorgen sollen.

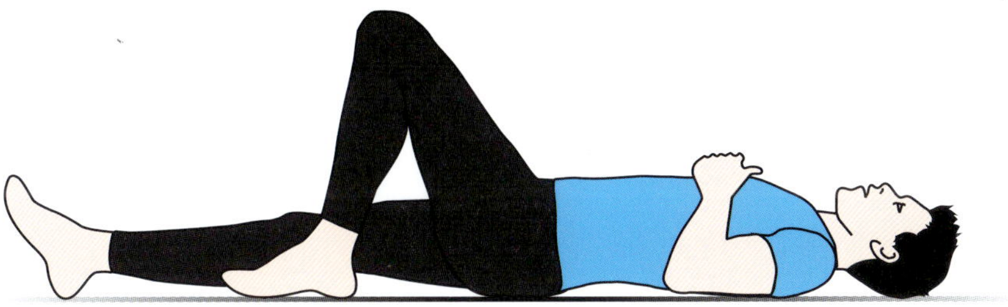

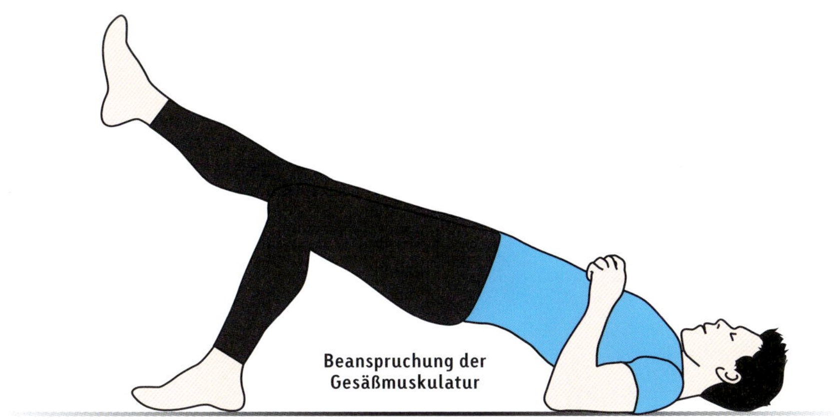

- **Ausfallschritt nach vorne.** Gehen Sie langsam aus dem Stand in einen Ausfallschritt nach vorne, wobei das andere Knie gebeugt wird und das Schienbein horizontal zum Boden kommt (siehe Abbildung unten). Diese Übung soll über zehn oder zwanzig Meter mehrmals langsam wiederholt werden, wobei Sie sich auf das Gleichgewicht und die Bauch- und Rückenmuskulatur konzentrieren. Dabei werden Muskeln gekräftigt, die beim Laufen sowohl für den Antrieb als auch für die Haltung wichtig sind.

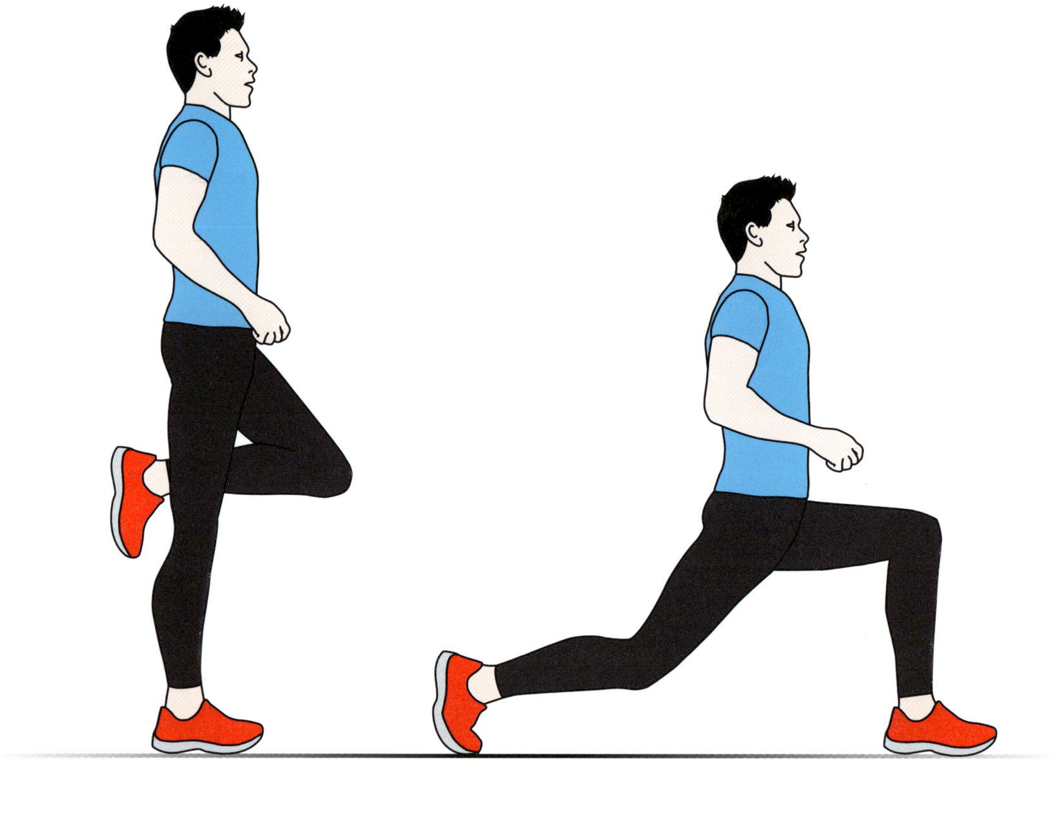

Diese Übungen kann man durch die klassischeren Übungen der spezifischen körperlichen Vorbereitung auf das Laufen ergänzen wie: Laufen mit Hüpfschritten, Anheben der Knie, Anheben der Ferse zum Gesäß etc.

- **Die Übung des Laufens mit Hüpfschritten** wird besonders empfohlen, denn mit ihr können der Antrieb über das Becken durch Öffnung des Oberschenkelwinkels und die Armarbeit trainiert werden.

Vorsicht jedoch: Forcieren Sie nichts, denn diese Übung muss schrittweise gesteigert werden, wenn man sich nicht verletzen will. Anfänger oder Läufer mit einem wenig beweglichen Becken oder mit eher schwachen ischiocruralen Muskeln sollten daher sehr vorsichtig sein.

- **Die Übung Ferse zum Gesäß** ist nicht unbedingt nötig, solange der Läufer in einem mäßigen Tempo läuft, in dem auch das Anheben der Ferse zum Gesäß eher begrenzt ist. Zudem soll sich das Heben des Fußes Richtung Gesäß aus der Aktions-/Reaktionskraft zwischen Fuß und Boden ergeben. Daraus folgt: Wenn Sie diese Übung lieben, können Sie sie natürlich ausführen, ohne jedoch den Fuß sehr hoch in Richtung Gesäß zu führen (es sei denn, Sie sind bereits ein sehr gut trainierter und sehr schneller Läufer). Hingegen können Sie **das asymmetrische Heben des Fußes** üben: Legen Sie beim Laufen einfach den Akzent auf das Heben eines Fußes. Beispielsweise bemühen Sie sich beim Laufen, den linken Fuß gut zu heben und ihn bei konitinuierlich gebeugtem Knie wieder nach vorne zu bringen (ohne sich um den rechten Fuß zu kümmern). Dies machen Sie etwa während zehn Schritten, dann wechseln Sie die Seite und konzentrieren sich nun auf die gleiche Bewegung beim rechten Fuß, auch dies wieder etwa bei zehn Schritten. Sie können diese kleine Übung zu jedem beliebigen Zeitpunkt in Ihr Training aufnehmen, um zu üben, diese besondere Bewegungsbahn des Fußes bewusst wahrzunehmen, was Ihnen sehr dabei helfen wird, den Fuß so auf dem Boden aufzusetzen, dass dies möglichst wenig traumatisierend wirkt (der Fuß setzt beinahe parallel zum Boden von vorne nach hinten mit Betonung auf dem Mittelfuß auf dem Boden auf. Versuchen Sie, während dieser Übung die Pendelwirkung des Knies nach vorne deutlich zu spüren.

• **Kräftigung der Gesäßmuskeln auf einem Bein**. Diese Übung ist sehr einfach. Sie müssen nur auf einem gestreckten Bein stehen, die Hände liegen auf den Hüften. Auch das andere Bein wird gestreckt, Sie halten es leicht angehoben vor dem Körper, der Fuß schwebt leicht über dem Boden. Dann wird der Fuß, ohne den Boden zu berühren, bewegt – zuerst hinter den Körper, danach zur Seite und zurück nach vorne. Dabei bleibt das Bein stets gestreckt, der Fuß schwebt immer über dem Boden. Diese Übung kann 1–3 Minuten durchgeführt werden. Anschließend das Bein wechseln.

• **Swing mit einem Kettlebell**. Der Kettlebell ist ein Gewicht mit einem breiten Griff. Eine häufig mit diesem Gerät praktizierte Übung nennt sich »Swing«. Dabei wird das Gewicht mit beiden Händen ergriffen und anschließend mit leicht geöffneten Beinen von vorne nach hinten geschwungen. In der höchsten Position erreicht der Kettlebell vor dem Körper die Schulterlinie oder etwas höher; der tiefste Punkt ist hinter dem Sportler, dessen Beine gebeugt sind. In der tiefen Position ist darauf zu achten, den Kettlebell eher hinter sich als in Richtung Boden zu bringen. So wird die Arbeit der Gesäßmuskulatur wichtiger. Der Swing-Effekt soll vor allem durch die Mobilisierung der Gesäß- und der Bauchmuskeln erreicht werden, weniger durch die Kraft der Oberschenkel. Der Swing soll durch eine sehr rasche Kontraktion all dieser Muskeln explosiv erfolgen. Es ist eine Übung, die in einem bestimmten Tempo und mit Spannkraft erfolgen soll, wobei das Anheben des Kettlebell jeweils mit der Ausatmung synchronisiert wird. Anschließend wird es sehr interessant zu versuchen, diese Spannkraft auf jeden Schritt zu übertragen.

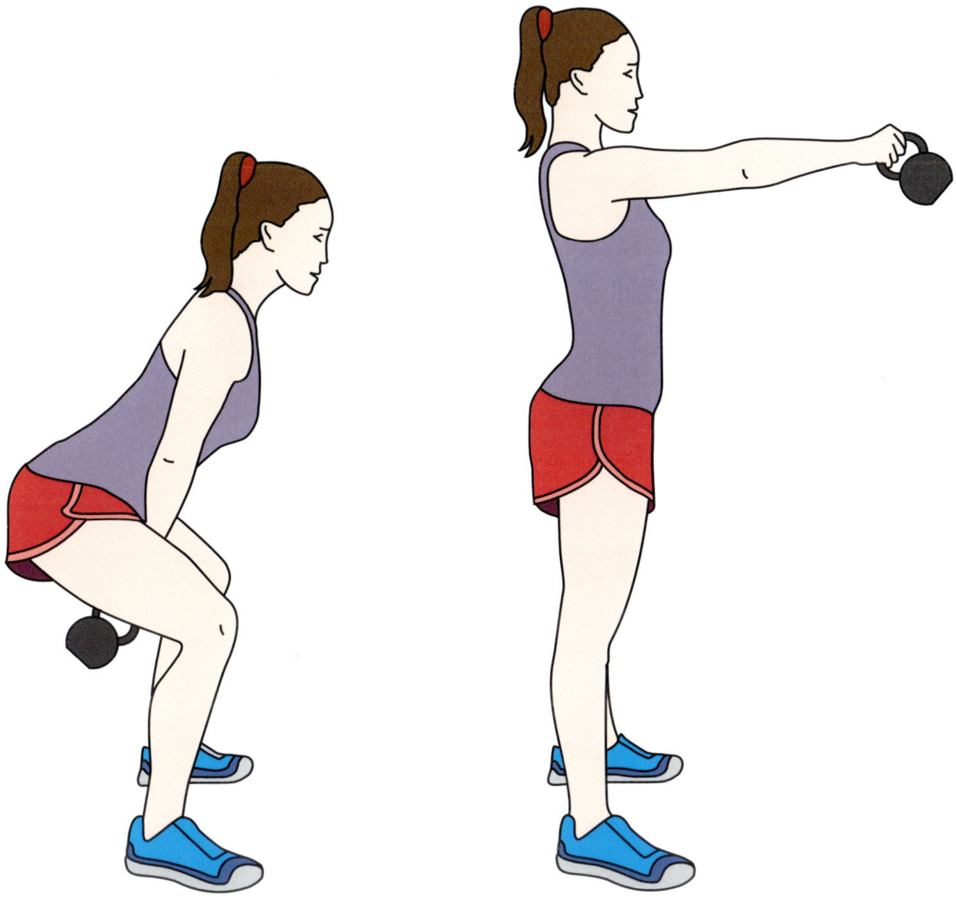

Diese Übung ist besonders vorteilhaft, weil sie alle Muskeln des Hüftscharniers beträchtlich kräftigt, die, wie wir in diesem Buch gesehen haben, ein wichtiges Element für die Leistung beim Laufen sind. Einige Wiederholungen mehrmals pro Woche mit einem Gewicht, das nicht unbedingt sehr schwer sein muss, werden dem Läufer helfen, diesen gesamten Muskelbereich zu kräftigen.

- **Die Arbeit mit einem elastischen Band**. Eine sehr häufig von den besten Läufern praktizierte Übung (siehe Abbildung nächste Seite) besteht darin, sich in der Taille mit einem elastischen Band (oder Fahrradreifenschlauch) an einen Mast zu binden, um auf der Stelle zu laufen und dabei das Aufkommen und Abprallen auf dem Boden/vom Boden zu trainieren. Diese Übung beansprucht eine ganze Reihe von Muskeln, die beim Light Feet Running sehr nützlich sind. Man kann sie auch zu zweit machen: Dann nehmen beide Partner das Gummiband um die Taille, und jeder zieht es in die entgegengesetzte Richtung.

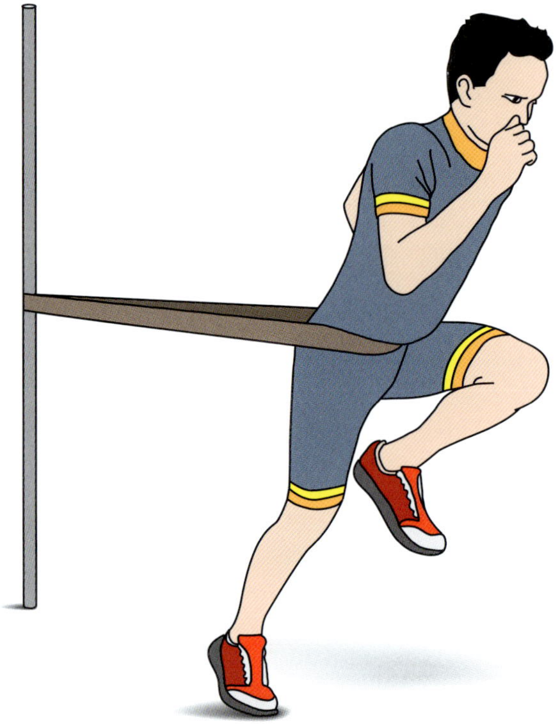

• **Kniebeugen**. Diese wohlbekannte Übung, die darin besteht, die unteren Extremitäten zu beugen (in der Regel zwischen 3 und 12 Wiederholungen), ist für die Kräftigung der Oberschenkel (Quadrizeps-Muskeln) und der Gesäßmuskeln interessant. Die Lauftechnik Light Feet Running beansprucht eher die Muskeln der Oberschenkelrückseite (ischiocrurale Muskeln) als der Oberschenkelvorderseite (Quadrizeps-Muskeln). In seltenen Fällen kann sich daraus ein muskuläres Ungleichgewicht ergeben. Sollte das bei Ihnen der Fall sein, machen Sie regelmäßig Kniebeugen, um Ihre Quadrizeps-Muskeln zu kräftigen. Kniebeugen sind auch zur Kräftigung der Gesäßmuskulatur nützlich. Je nachdem, wie man sie ausführt, kann man sich stärker auf die eine als auf die andere Muskelgruppe konzentrieren. Beugt man sich stärker zurück, werden eher die Gesäßmuskeln gekräftigt. Durch stärkeres Beugen der Knie werden eher die Oberschenkel gekräftigt.

- **Der »Monster Walk«**. Für Läufer, die Probleme damit haben, die Linie Knöchel-Knie-Hüfte perfekt auszurichten oder ihr Becken horizontal zu halten (das Becken neigt sich zur Seite des Schwungbeins), kann der sogenannte Monster Walk interessant sein, bei dem mit gebeugten Knien und einem Gummiband um die Knie gelaufen wird. So können die Gesäßmuskeln trainiert werden, insbesondere der mittlere Gesäßmuskel, der sich oben und außen am Gesäß befindet. Diese Muskeln sind für eine gute Stabilisierung des Beckens beim Laufen sehr wichtig. Sie können diese Übung auch gut zu Hause machen, ein paar Minuten täglich oder an jedem zweiten Tag.

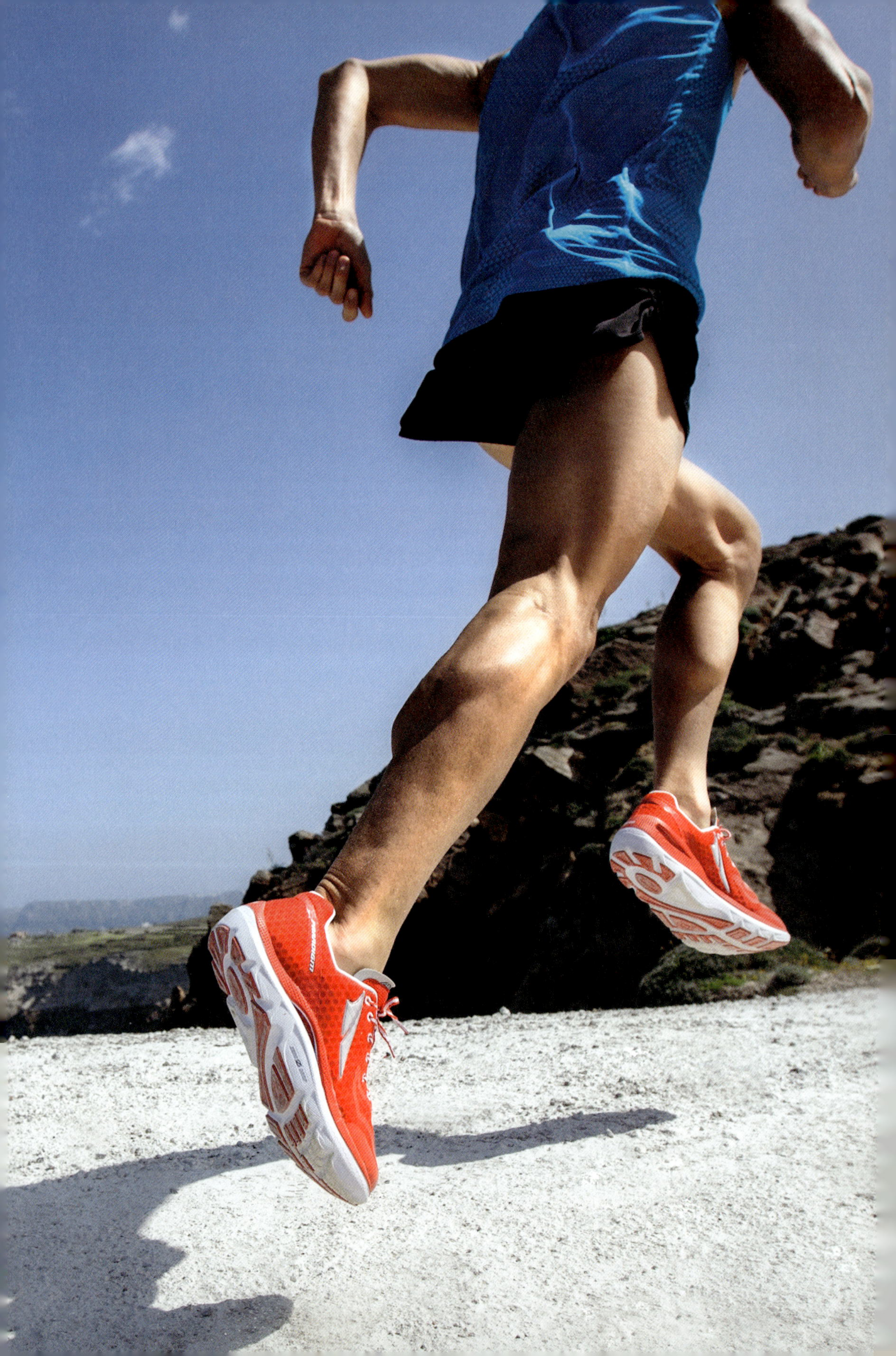

DIE PYRAMIDE DES

LIGHTFEET RUNNING

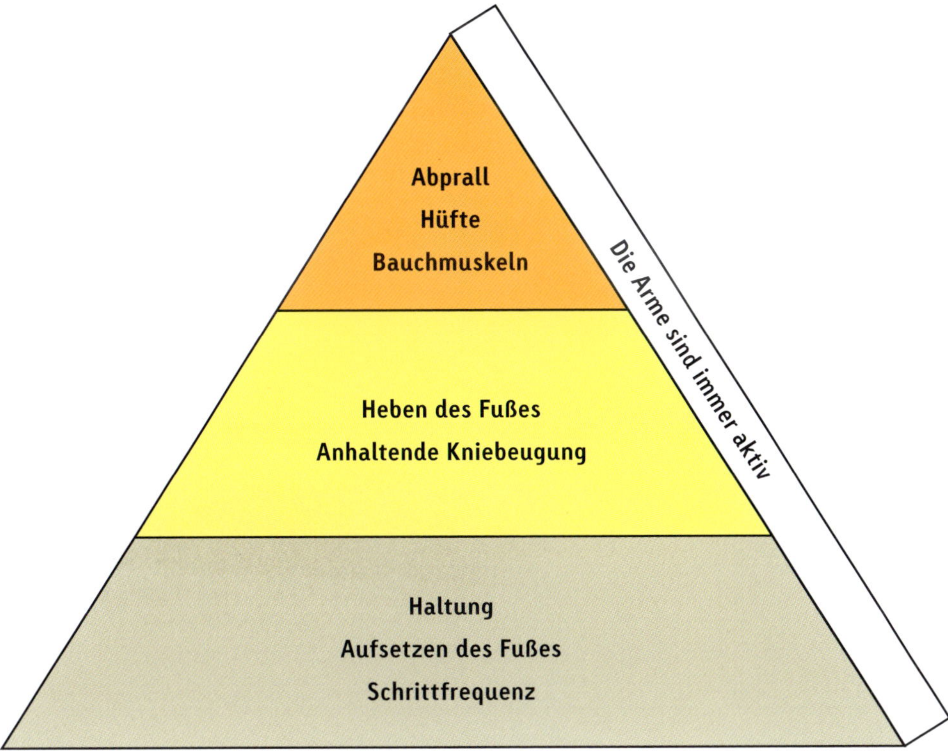

Richtig laufen Schritt für Schritt

1 Während einer zehn- bis zwölfminütigen Aufwärmphase konzentrieren Sie sich auf die folgenden drei Punkte:

- Der Fuß wird nah am Körperschwerpunkt aufgesetzt.
- Die allgemeine Haltung ist gerade.
- Die Schrittfrequenz ist eher hoch (je nach Ihren Empfindungen ist, auch in langsamem Tempo, eine Frequenz von rund 170 Schritten pro Minute das Minimum).

2 Heben Sie den hinteren Fuß (Schwungbein), um ihn auf einer horizontalen Linie auf Kniehöhe des Standbeins nach vorne zu bringen. Beginnen Sie dann, das Knie des Schwungbeins zu beugen. Konzentrieren Sie sich während vier Schritten nur auf ein Bein, anschließend während vier Schritten auf das andere Bein. Wiederholen Sie die Übung, bis der Vorgang ganz natürlich wird.

→ *Sie sollten nun anfangen, die elastische Energie zu spüren, die von Ihrem Fuß und Ihrer Wade erzeugt wird. Dies zeigt an, dass Sie Ihre Schritte richtig setzen. Sie betreten die Welt der angenehmen Empfindungen des Light Feet Runnings.*

3 Beziehen Sie Ihr Becken und Ihre Bauchmuskulatur mit ein, um zu einer größeren Schrittlänge zu kommen

→ *Denken Sie während dieser drei Stufen daran, die Arme stets aktiv mitzubewegen. Selbst in geringem Tempo sollen die Arme Ihre Schritte begleiten. Versuchen Sie, eine mehr oder weniger gleichbleibende Schrittfrequenz beizubehalten.*

→ *Wenn Sie erschöpft sind, lassen Sie zuerst die Anweisungen der Stufe 3 weg, dann die der Stufe 2.*

BIBLIOGRAFIE

Internetadressen

www.scienceofrunning.com/

www.runningtechniquetips.com/

www.runblogger.com/

www.fredericgrappe.com/enseignement/biomeca/locomotion.pdf

http://purposefulmovement.wordpress.com/

www.volodalen.com/

www.sportsscientists.com/

www.endurancecorner.com

www.markallenonline.com/

www.barefootrunning.fas.harvard.edu/4BiomechanicsofFootStrike.html

www.lacliniqueducoureur.ca

http://naturalrunningcenter.com/

www.bobbymcgee.com/biomechanics.html

www.radiantrunning.com/index.html

http://stridemechanics.com/index.html

www.medecine-et-sante.com/anatomie/musclethorax.html

http://anathletesbody.com (blog de Jay Dicharry)

www.courirpiedsnus.com/

BÜCHER

Frédéric Brigaud: *La course à pied – Posture, biomécanique, performance*, Editions Désiris, 2013

Yves Cordier et Max Malaurent: *Triathlon*, Editions Robert Laffont (1991)

Joe Frield et Gordo Byrn: *Going long: Training for Triathlon's Ultimate Challenge*, Velonews, 2009

Serge Gracovetsky: *The Spinal Engine*, Springer-Verlag, 1989

Steve Magness: *Factors Affecting Distance Running Performance*, George Mason University, 2011 (www.science of running.com).

Brian Martin: *Running Technique*, Editions Smashwords, 2011

McDougall C.: *Born to run* (Nés pour courir), Edition Guérin, Paris, 2012

Gordon Pirie: *Running Fast and Injury Free*, Random House, edited by John S. Gilbody (1996–2007)

Jason Robillard: *The Barefoot Running Book (première edition)*, Editions Barefoot Running Press, 2010

Thimothy Noakes: *The Lore of Running*, Human Kinetics, 4e édition (2002)

Dave Scott: *Dave Scott's triathlon training*, Touchstone (1986)

ARTICLES

Mariève Blanchet: *Le rôle des récepteurs tactiles plantaires dans le contrôle de la posture chez l'enfant et l'adulte*, (Mémoire, Université du Québec, 2009

Bonacci J. et al.: *Running in a minimalist and lightweight shoe is not the same as running barefoot*. British Journal of Sports Medicine, Vol. 47, pp. 387-392

Marie-Françoise Bonhomme: *Le minimalisme, l'avenir au sein de la course à pied (Mémoire)*, Haute Ecole de la Province de Liège, André Vésale, 2014

Bramble D.M., Lieberman D.E.: *Endurance running and the evolution of Homo*. Nature, Vol. 432, November 2004, pp. 345–352

Daoud A.I. et al.: *Foot strike and injury rates in endurance runners: a retrospective study*. American College of Sports Medicine, 2012, pp. 1325-1334

Caroline Divert : *Influence du chaussage sur les caractéristiques et le coût énergétique de la course à pied* (Thèse), Université Jean Monnet de Saint-Etienne, 2005

Dan Empfield : *Technical aspects of running*, 2001 (article publié sur www.slowtwitch.com)

Bruno Gajer et Jean-Claude Vollmer : Le pied endurant (Colloque »le pied sportif« – C.R.E.P.S. de Montpellier – 8 et 9 juin 2002)

Hall Jonathan P.L. et al.: *The biomechanical differences between barefoot and shod distance running*. Sports Med, 2013, n°43, pp. 1335–1353

Hart P.M., Smith D.R.: *Preventing running injuries through barefoot education*. Recreation & dance, 79: 4, 2008, pp. 50-53

Hasegawa H, Yamauchi T, Kraemer WJ.: *Foot strike patterns of runners at the 15-km point during an elite-level half marathon*. J. Strength Cond. Res. 21, 2007, pp. 888-893.

Lieberman D.E. et al.: *Foot strike patterns and collision forces in habitually barefoot versus shod runners*. Nature 463, 531–535 (28 January 2010).

Lieberman D.: *Strike type variation among Tarahumara Indians in minimal sandals versus conventional running shoes*. Journal Of Sports and Health Science, n°3, 2014, pp. 86-9470

Lieberman D.: *What we can learn about running from barefoot running: An evolutionary medical perspective*. American College Of Sports Medicine, Vol. 40, n°2, 2012, pp. 63-72

Lieberman D. et al.: *Foot strike patterns and collision forces in habitually barefoot versus shod runners*. Nature, Vol. 463, 28 January 2010, pp. 531-535

Lieberman D.: *Those feet in ancient times*. Nature, Vol. 483, Marche 2012, 550-551

Lieberman D. et al.: *Biomechanics of foot strikes & applications to running barefoot or in minimal footwear*. University of Harvard. URL http://www.barefootrunning.fas.harvard.edu/ (22.06.2014)

Lieberman D.: *Why does the human body look and function the way it does?* University of Harvard. www.fas.harvard.edu/~skeleton/danlhome.html

Pierre-Jean Vazel: *La hanche, le moteur de Gay*, Libération, 1er septembre 2007

Bo Waggoner: *A Model of the Foot and Ankle In Running* (Thèse), Duke University, 2011

KONTAKT MIT DEM AUTOR

Sie können sich im Internet mit mir in Verbindung setzen:
www.lightfeetrunning.com
www.leplaisirdecourir.blogspot.com
Facebook-Gruppe »Courir léger – Light Feet Running«

Es wäre mir eine Freude, wenn Sie dieses Buch auf meinem Blog kommentieren würden.